8° K
148

AF318972

A ROME

ET

A VIENNE

PAR

HENRY DES VOSGES

FONTAINEBLEAU

IMPRIMERIE ET LIBRAIRIE ALFRED POUYÉ

rue de la Paroisse, 15

1877

Fontainebleau — Imprimerie Pouté

259
71

8°
148

A ROME ET A VIENNE

A ROME

ET

A VIENNE

(Notes de voyages)

PAR

HENRY DES VOSGES

PARIS

CH. DOUNIOL ET Cie

29, rue de Tournon

1877

J'ai consigné, dans ces notes, le récit journalier de deux voyages, ou mieux, de deux séjours à l'étranger, qui se placent et marquent à part.

L'un a été accompli, il y a plusieurs années, dans cette ville de Rome, où l'aspect des choses n'a pas encore changé.

L'autre, achevé depuis peu, m'a permis de saluer, à Vienne, les augustes représentants de notre monarchie traditionnelle.

— Ceux qui partagent, sinon les mêmes souvenirs, du moins les mêmes sympathies, trouveront peut-être ici comme un écho.

Je voudrais le renvoyer précis et fidèle.

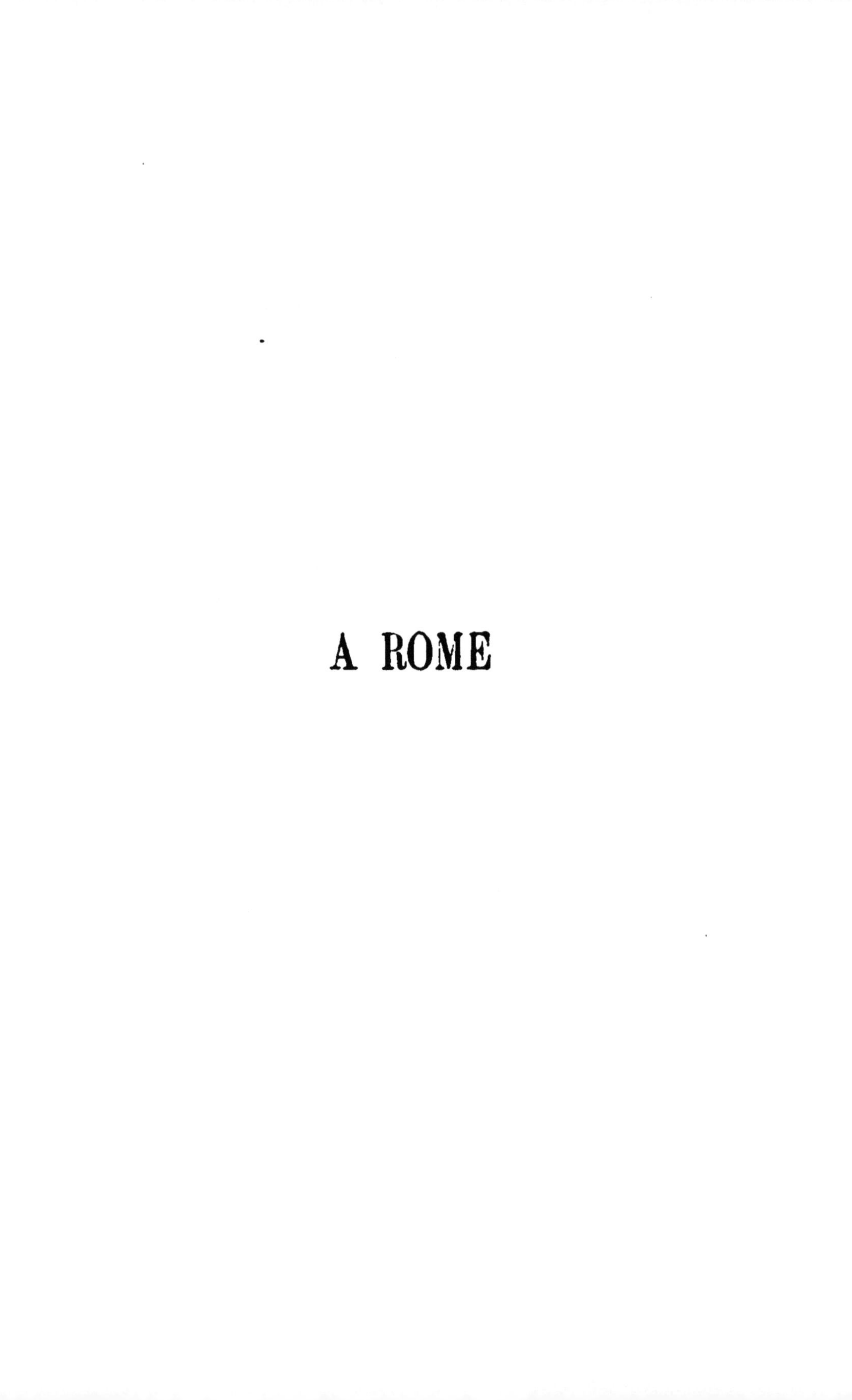

A ROME

Lundi, 16 avril 1866.

J'ai quitté une maison que j'avais habitée sept ans et j'en suis sorti avec indifférence; on ne s'attache guère, je vois, aux foyers loués et aux murailles d'autrui. Le tohu-bohu du déménagement est survenu bien à propos : j'en ai profité pour précipiter les adieux; c'est un quart d'heure pénible. Une séparation, même passagère, n'est jamais sans quelque inquiétude; elle plisse les fronts de ceux qui restent, et celui qui part, fût-il d'ailleurs content, est tenté de se reprocher son plaisir égoïste. Que l'absence doive être courte et le voyage facile, n'importe; il y a la distance, l'incertitude, et tous ces mauvais hasards de la vie; autant d'idées aigües et qui obsèdent. Ce dernier moment du départ est comme la pierre de touche de l'affection : doutez-vous de la vôtre? allez-vous-en; allez loin. Si en prenant congé vous voyez venir avec satisfaction le domestique qui

1

dit « la voiture est là, » c'est que vous n'aimez guère sans doute et vous n'aurez pas de regrets; mais si cet homme vous paraît un messager de la fatalité, si vous le remerciez d'un ton bref, ah! alors ce sont de vrais liens que vous laissez en arrière, et le dernier jour du voyage sera encore un jour heureux.

L'escalier descendu quatre à quatre, je me suis blotti au coin du fiacre dans l'attitude d'un galérien qu'on transporte; et, maintenant, « fouette cocher et dépéchons nous. » J'ai le temps et de reste; mais puisqu'il faut se séparer que ce soit de suite, et qu'on m'emporte vite et pour de bon.

Regards fixes sur le paillasson, puis distraits sur les gens qui passent; petits crevés de la rue Royale, hommes affairés de la bourse, blousards du Saint-Antoine. Les parisiens me font pitié! Quand quitteront-ils leur asphalte? quand connaîtront-ils le ciel de l'Italie? Cette pensée de commisération mêlée d'un certain amour propre m'est bonne dans la disposition d'esprit où je suis, et je m'y attache comme à une diversion forcée. Que de choses m'attendent, qu'ils ne verront jamais probablement; les bords du Rhône, la Méditerranée, Rome si curieusement désirée, Rome et peut-être Naples, peut-être des rivages enchantés. Oui, tout cela devant moi. Alors pourquoi suis-je triste ; triste de quoi ? Je le sais, mais je n'aurais garde de me l'avouer. Au demeurant mieux vaut changer de visage ; car si je devais m'escorter tout le long du trajet d'une aussi lugubre contenance, autant vaudrait dire au cocher, « j'ai assez voyagé, retournez-vous-en. » Mais non ; j'en serais bien désolé.

Nous sommes à la gare de Lyon ; je paye, le cocher réclame ; première singularité.

Ici mes fonctions de voyageur commencent. Ayons l'œil à tout : un regard sur la caisse ; un regard sur le guichet ; un regard sur le sac de nuit — Billet pour Fontainebleau — Voilà — Merci — Enregistrez ma malle — Dix centimes — Pas de surpoids ; et aussi quel poids de moins sur la conscience ! Dix centimes aux bagages, cela veut dire — Vous ne dépassez pas les kilos prescrits ; vous êtes, vous et vos effets, légers et indépendants : vous irez où bon vous semble avec cette petite valise printanièrement recouverte de toile grise ; et à la rigueur, si le faquin vous irrite, vous serez de force à porter tout votre avoir avec vous. « *Omnia secum portans.* » Ces dix centimes eussent été, je gage, l'idéal d'Horace en chemin de fer.

Voici une figure connue ; tant mieux. Acheterai-je un roman ? A quoi bon puisque je voyage. J'ai déjà fait vingt fois la première partie de la route; n'importe; depuis Bercy et l'entrepôt des vins je compte m'intéresser à tout.

Nous montons dans le wagon, nous nous installons commodément. — J'ai quelques manies en chemin de fer; qu'on me les passe; qui n'a pas les siennes en voyage. Ainsi, par exemple, il me faut le coin de la voiture, au fond, près de la fenêtre; à mon gré rien de plus désirable que cette place. Le coin, c'est la vue et la nature en plein devant soi sans qu'il faille subir pour première silhouette le nez ou le chapeau d'un monsieur; c'est le droit d'ouvrir ou de fermer la glace à sa guise; de boire comme il plait l'air vif des champs, ou de se défendre contre les charbons de la locomotive : l'homme du coin s'appuie mieux, il dort mieux, il est plus chez lui que les autres; c'est proprement l'usufruitier du chemin de fer installé dans tous ses droits.

A côté de moi mon sac de nuit, ce *vade mecum* capricieux; j'ai beau le fermer, il s'ouvre tout seul à ses heures comme une huitre qui baille au soleil, tandis qu'aux miennes il se refuse opiniâtrement au travail de la clef; mais c'est un vieux serviteur, il verra l'Italie; pour le moment il en est bouffi de joie. En haut dans la galerie, un pardessus chaud, car il faut prévoir, et une canne à l'air paterne qui cache sa lame pointue, la seule raison péremptoire que j'emporte contre les Italiens. Voilà mon attirail. Accuserai-je timidement un porte-cigares, une blague, et la vieille pipe des longues méditations entre chien et loup; pourquoi pas; nous sommes par hasard dans un compartiment de fumeurs.

L'horloge sonne, la machine siffle brutalement; le sort en est jeté, nous agaçons les excentriques et nous partons à toute vapeur. Quelle bonne chose qu'un départ en chemin de fer; tout de suite vous êtes lancé au loin; tous ces faubourgs brumeux de Paris vous les traversez vite comme un mauvais rêve; et, en quelques secondes, la campagne se montre à vous, non pas celle des maraîchers et des blanchisseuses, mais la vraie campagne ouverte, son gai soleil, son pré reverdi, ses arbres qui bourgeonnent et ses tiédeurs d'avril. Là-bas, la Seine et ses doux paysages. Plus loin la forêt de Fontainebleau, encore une vue d'hiver : des chênes prudents qui gardent leur feuillage roussi, des hêtres élégants mais dépouillés; par terre un lit de feuilles mortes. — J'aime Fontainebleau; c'est une noble résidence; un peu enfermée, plutôt celle d'un roi que de la royauté, un peu sérieuse peut-être, mais fière et bien parée. Quand le soleil s'y couche radieux comme ce soir sous les hautes futaies, les toits, les vieux murs s'égayent, les vitres s'illuminent, les pièces d'eau se teignent de rose : on croirait un souvenir de quelque fête galante des Valois.

A la nuit, nouveau trajet en chemin de fer. Cette fois je suis seul. Aller seul jusqu'à Rome, c'est long : mais j'y retrouverai des amis. Rien à voir et pourtant je persiste à regarder. — Que peuvent-être ces masses noires ? des pommiers ou des maisons, des rochers ou des meules ? Et cette eau ; est-ce la Seine, l'Yonne, ou un ruisseau ? — Ou sommes-nous ? cotoyons-nous une vallée ? traversons-nous une plaine ? Autant de mystères de la nuit sombre que l'œil ne perce pas. — Dans la nuit tout nous est sujet d'illusion : la distance nous trompe, la hauteur nous égare : de loin la montagne parait côteau ; l'arbuste de près est un grand arbre ; le murmure de l'air ressemble aux voix, l'ombre qui s'agite à la vie, et le feu follet même conspire à nous dérouter.

Les historiens ont parlé de Montereau comme d'un lieu néfaste ; ils ont, ma foi, raison, et je partage leurs sentiments ; imaginez-vous qu'en pleine nuit on vous y refuse de prendre l'express, et qu'on vous fait attendre deux mortelles heures avant de repartir pour Lyon : ces gens-là n'ont pas de cœur, ou peut-être ne se rendent-ils pas compte à quel point on peut s'ennuyer dans leur station de Montereau. A Montereau, bifurcation, il y a deux gares et un seul buffet, injustice : vous attendez dans une gare : un employé vient vous prier de passer dans l'autre ; vous passez mécontent; vous n'y trouvez ni feu ni lumière ni buffet; aussitôt que l'individu a le dos tourné, vous repassez naturellement dans la première. Pour le moment, le buffet, le quai, les salles d'attente, tout est désert; dans un bureau, un employé qui écrit avec assiduité et trois religieuses pieusement endormies; au dehors, l'obscurité blafarde et le cri monotone des grillons; c'est charmant.

Enfin le train arrive, tout feu et toute fumée, mais aussi tout bourré de voyageurs; pour trouver place il faut en déranger un ou deux qui n'ont pas l'air contents; ils me toisent de haut en bas ; ce que c'est que d'être dépaysé à Montereau ! Du reste je leur pardonne; j'ai tant de fois maudit les provinciaux qui m'éveillaient ainsi. Que dans une grande ville, dans un centre important, un monsieur monte en wagon, même à des heures indues, qu'il vous force à ramasser votre personne et à restituer en partie un territoire usurpé, c'est fàcheux, mais cela se conçoit ; il a bien, après tout, de certains droits à voyager; mais que dans quelque localité ingrate, ignorée, comme qui dirait Blesme en Champagne ou Chauny sur la ligne du Nord, une sorte d'impertinent en houppelande interrompe sur les minuit votre sommeil a peine essayé, qu'il se mouche avec fracas, qu'il vous fatigue d'un remue-ménage de cannes et de sacs de nuit, alors votre humeur s'exhale et se traduit par de sourds grognements. Au milieu de cette hostilité une seule petite fille me sourit; elle est brune et rieuse, mais elle rit trop; elle parle trop haut à sa poupée; elle lui dit mille enfantillages; de jolis riens le jour, à présent des niaiseries. Heureusement la poupée glisse à terre, la chère créature s'endort, et nous aussi grâce au balancement saccadé de la voiture.

———

Mardi, 17.

A Dijon, réveil en sursaut : « vingt minutes d'arrêt, vingt minutes d'arrêt, » criées avec une rare énergie ; une manière insinuante de vous

rappeler qu'il y a un buffet. Je ne tiens pas à
en profiter; Je n'aime pas trop descendre la
nuit pour manger; le jour est assez long pour
se livrer à cet exercice. Je mets seulement la
tête à la portière pour pouvoir dire « j'ai vu
Dijon. » En réalité je ne vois rien, qu'une file de
hangars et d'entrepôts, et quelques machines
qui se remuent pesamment, des dormeuses
agitées de force. Que de villes l'on traverse
aujourd'hui sans en savoir plus long.

Le soleil nous vient aux alentours de Mâcon
et se lève joliment derrière les côteaux de la
Saône. Il faut un peu considérer ce spectacle :
au printemps je n'en jouis guère qu'à pareils
jours. En automne, en hiver, la chasse force de
temps à autres à assister à cette représentation
matinale; mais au mois d'avril, à quoi bon la
chercher si l'on est dans une ville. Franchement,
ira-t-on étonner son concierge et devancer les
balayeurs pour saluer l'aube rue Neuve-des-
Mathurins, voire rue de Rivoli prolongée? c'est
un attrait minime. Il y a bien certains coins,
même à Paris, sur les quais, près de la Cité;
mais on ne s'en soucie guère ; et pourtant le premier soleil y a aussi des charmes, à l'heure où
tout semble renaître et se purifier après la
nuit.

Revenons à Mâcon et aux bords de la Saône.

1.

Je les suis longtemps des yeux, lorsqu'en tournant la tête je découvre dans un proche horizon
une longue silhouette de montagnes inco n-
nues : être bachelier et ignorer l'une d s
chaines de son pays! Pour me dissimuler cet.e
lacune. je cherche à me persuader que ce sont
des côtes ambi.ieuses; et puis, vexé de les voir
grandir, je prends le parti de m'adresser à un
voisin : « le nom de ces montagnes, s'il vo.s
plait. — Monsieur je ne sais pas. » Il y a donc
des gens aussi ignorants que moi.

Entre Mâcon et Lyon la Saône longe le ch -
min de fer; un peu plus loin elle le quitte et va
contourner des coteaux; un peu plus loin elle
se laisse deviner au milieu des saules; et puis,
lasse de ses caprices et coquette, elle revient
bonnement à vous : cette rivière plait et attire;
s'il faisait chaud on s'y baignerait volontiers.
Tandis que je regarde son eau paisible qui parait
stagnante au train où nous allons, un brouilla:d
gris et terne l'enveloppe, les prés s'embrument,
et une forte odeur de houille pénètre par bouffées dans la voiture; nous approchons d'u .e
grande ville, il faut subir l'atmosphère de l'i.-
dustrie et du progrès.

Ce qu'on voit de Lyon, à l'abord, donnerait
envie de ne jamais y mettre les pieds; des
usines à perte de vue, des cheminées qui n'en

finissent pas, des rues qui ont l'air d'égouts,
des fabriques qui ouvrent stupidement leurs
cinq cents fenêtres uniformes; au milieu de
tout cela des créatures humaines, si noires de
charbon qu'on les prendrait pour des Cafres.
Et penser qu'il y a, dans cette géhenne, plusieurs
centaines de mille âmes condamnées à vivre de
la même existence que leurs machines; pour qui
les années sont comme des roues d'engrenage,
où chaque jour amène forcément un autre jour
absolument semblable et absolument monotone. Je comprends l'amour des Lyonnais pour
leur église de Fourvières qui se dresse sur la
hauteur : à tous elle donne l'air libre et l'espace,
à beaucoup la résignation.

Une heure à passer entre deux trains : trop
ou trop peu. — En face de la gare je vois une
rampe, et j'y vais, pensant trouver la Saône ou
le Rhône; point; c'est une sorte de square en
contre-bas, planté d'arbres malingres et de
fleurs qui ouvrent leurs corolles aux zéphyrs
des locomotives; Dieu leur prête vie; j'en ai
vu assez et je retourne à mes bagages. Il y a à
Lyon, au département des malles, une vaste
organisation qui a quelque chose d'officiellement pompeux. Derrière d'épais grillages à enfermer une ménagerie, deux douzaines d'em-
ployés, graves comme des juges en fonction,

enregistrent, pèsent, vérifient, et avec des
formes et des façons parfaites ils vous aban-
donnent vos colis moins vite que partout ailleurs : mais ces messieurs sont si bien élevés !
Enfin l'opération est terminée, et leurs ques-
tions indiscrètes me forcent à avouer devant le
monde que je me dirige vers Avignon. Je n'aime
pas que les gens sachent ce que je fais ni où
je vais : en revanche, je suis bien aise quand
le bavardage des autres me laisse deviner leurs
intérêts, leurs tenants et aboutissants; pure
affaire de psychologie. Dans le wagon, j'ai
en fait d'objets d'études en ce genre un ménage de Valence qui a passé quelque temps à
Lyon chez madame B... : monsieur B... est le
meilleur des hommes, madame B... une personne sur laquelle il n'y a rien à dire; mais on
ne se sent pas en confiance avec elle; on ne
sait jamais si elle a, ou non, du plaisir à vous
voir : aussi ont-ils pris le parti de s'en retourner. Je connais de par le monde plusieurs
mesdames B...; je crois que j'ai fait parfois
comme le ménage de Valence.

On devrait recommander à tous les voyageurs qui traversent un pays pour la première
fois, de s'informer du tracé de la voie; le
même parcours intéresse, si vous choisissez le
bon côté, qui, vu de l'autre, paraîtrait déplai-

sant. Que l'on prenne entre beaucoup d'exemples, celui d'un trajet en Alsace, de Strasbourg à Bâle. Tel, qui s'est placé par malheur à gauche, vous dira : « l'Alsace, mais c'est le pays le plus insignifiant du monde; un champ de tabac, un champ de gros choux, un champ de pommes de terre; deux ou trois villes dont les faubourgs ne sont pas drôles ; et c'est tout. » Un autre, au contraire, plus sagace ou mieux inspiré, emportera de ce'te province un souvenir bien différent. A l'opposé, au delà de cette riche culture, il aura suivi une longue et noble chaîne interrompue par de riantes vallées, couronnée de vieux manoirs; et pour peu qu'il ait le moindre goût, et la moindre curiosité, il se sera plaint sans doute, que les ingénieurs, amis inexorables de la ligne directe, aient passé trop loin du tableau déroulé de nos Vosges. Ici, même déception à gauche, avec cette différence qu'au lieu de champs, on longerait beaucoup de ces tranchées monotones où l'œil guette, sur le talus, la bande du ciel qui semble monter et descendre. — Au sortir de Lyon, jonction du Rhône et de la Saône. Leur hymen se fait, non comme je me le figurais sous un quai élégant, mais au milieu d'usines et de terrains vagues; c'est moins poétique. La Saône paraît peu flattée de cette union qui

lui fait perdre son nom et la clarté limpide de
ses eaux, et l'on soupçonnerait sous leurs flots
tumultueux les sourdes colères de ces époux
mal assortis. Quoiqu'il en soit, comme il n'y a
non plus à reculer, ils s'engagent, au dessous
de Lyon, dans une série de collines qui s'élèvent
par degrés jusqu'aux montagnes du Vivarais.
Vraiment c'est un beau et imposant fleuve que
ce Rhône, dans sa course presque droite de
Lyon à Avignon. A quel autre le comparer ?
Pas à la Seine, cette parisienne qui fait l'école
buissonnière au milieu des îles ; ni à la Loire
l'hypocrite ensablée ; encore moins à l'opulente Gironde. Le Rhône serait plutôt le Rhin
français. Comme lui, entre Mayence et
Cologne, il a creusé à travers une chaîne son
laborieux sillon ; comme lui il tourne le rocher
nu et plus loin le mamelon incliné ; comme lui
encore, et plus que lui, il voit sur ses bords
l'activité des villes et l'imposante solitude des
vieux monuments. Je pourrais aussi rappeler
à sa louange que ses crûs n'ont rien à envier
aux plus fameux du Rhin ; mais c'est un
mérite auquel je suis peu sensible : après
diner qu'importent les grands vins. Le Rhône
a eu le bon esprit de dissimuler les siens, et de
garder l'aspect de sa rude énergie ; le Rhin a
pensé autrement ; il s'est laissé arracher ses

ronces, couper ses arbres .et tailler ses parois
de granit; et aujourd'hui une spéculation, ingé-
nieuse a envahir, est venue planter partout, au
bord du fleuve, sur la montagne, et dans les
moindres fissures du rocher, ses ingrates et
prosaïques rangées d'échalas. On dit que les
Allemands ne s'en plaignent pas, que cette vue
les réjouit; chez eux l'estomac tient tant de
place! Après tout c'est leur affaire; nous,
courons le long du fleuve. Si on pouvait lui
faire un reproche dans son parcours ce serait
d'être un peu uniforme, quoiqu'il soit uniformément beau. De Vienne à Valence il se re-
serre, le paysage s'étrangle : au delà du Rhône,
des montagnes droites, rudement taillées par
l'ancien heurt des eaux; par ici, des pentes
moins sévères : aussi la féodalité a-t-elle préféré les rochers qui pointent, la commune, les
côtes adoucies. Lorsque par intervalles ces
côteaux se rompent pour laisser passer quelque cours d'eau, si le temps est clair. alors
devant vous s'ouvre une échappée inattendue.
Au loin surgissent de grandes masses blanches,
une illusion peut-être, ou des nuages groupés?
mais non; ce sont bien des cimes neigeuses
qui resplendissent au soleil. Appelez-les seulement Alpes du Dauphiné; dites qu'elles mas-
quent les autres; je n'en retrouve pas moins

avec joie ces arêtes vives dont la vue m'a tant
de fois séduit, et je m'imagine un panneau de
la Suisse entrevu sur la route du midi.

Nous sommes à Vienne ou plutôt sous Vienne;
on la soupçonne à peine entre deux tunnels;
c'est fâcheux; Vienne, ville des Allobroges et
des Romains, capitale du royaume de Bourgo-
gne. Aujourd'hui qu'il ne lui reste que les
grands noms de son histoire, elle s'est consolée
de sa splendeur passée en se livrant à l'indus-
trie, un dédommagement que beaucoup de
villes n'ont pas encore cherché, et pour ma
part je ne le regrette pas. N'y songeons plus,
nous repartons; en chemin de fer il faut rester
maitre de sa pensée et de ses yeux; lorsqu'ils
s'égarent on perd le fil du pays. Voici l'ancien
château des dauphins de Viennois: rien n'a
l'air vieux comme ces ruines du moyen-âge.
Le Rhône se fait encore plus étroit; il glisse
plutôt qu'il ne coule. Nous dépassons une série
de bourgs et de petites villes qui se ressemblent; même exposition; mêmes bâtisses; même
vue du Rhône et des montagnes d'en face à s'y
méprendre. Mon guide trop complaisant m'y
énumère une série de curiosités locales; l'une
possède la fabrique de monsieur Bluchaud,
l'autre la statue du général Rataplan; je les
respecte infiniment, mais enfin je ne les con-

nais pas. Nous arrivons à Valence ; cette ville a de tristes souvenirs. Sous la Réforme, elle a été ensanglantée par les deux partis : la République s'y est faite le geolier de Pie VI ; elle y a enfermé le vieillard volé, elle l'a laissé mourir dans une prison.

Un tout nouveau ménage monte avec nous à Valence accompagné d'une belle-mère qui provençalise horriblement. L'époux veut plaire, et je crois qu'il y réussit sans m'expliquer comment ; l'épouse se console en le regardant, mais elle a le cœur gros et des larmes dans les yeux. Peut-être est-ce aujourd'hui le jour de la séparation : je la plains : les gens, comme les plantes, ne s'arrachent pas facilement au sol qui les a vus vivre ; il faut du temps pour qu'ils repoussent des racines. Enfin si la belle-mère est ennuyeuse, l'époux a l'air bon enfant ; mais peut-on s'aimer en se parlant avec un pareil accent ! Ce petit drame de famille se devine à côté de moi pendant que je regarde les ruines de Crussol : il y a loin d'un pareil nid d'aigle à l'hôtel confortable de la rue de la Chaise ; voilà comme vont les familles ; celle-ci, du reste, n'a rien perdu de sa position pour être logée entre cour et jardin.

Entre Valence et Montélimart le Rhône commence à se développer ; au dessous, il change de caractère, et s'étend plus à l'aise dans la plaine et le long des premiers mamelons des Cévennes. Déjà c'est un autre climat ; c'est un ciel, une température que nous ne connaissons pas en avril. A mesure que l'on avance, les teintes sont lumineuses, le soleil darde, et l'on se laisse pénétrer par une douce influence qui ne se définit pas. Cette impression m'avait déjà accompagné en allant au midi ; mais dans ce trajet direct j'en jouis d'une façon saisissante et subite, et il me semble que je gagne un mois en quelques heures.

Viviers est heureusement située avec sa haute cathédrale, ses maisons en amphithéâtre, et, le long de l'eau, des saules et des peupliers verts qui reposent la vue. Richelieu, trainant après lui Cinq-Mars et de Thou, y vint jadis dans un équipage étrange ; il était malade et alité, et faisait trouer les maisons pour entrer de plein pied. — Le cardinal auparavant avait aussi fait une forte trouée au vieil édifice de la France ; le pouvoir absolu s'était introduit par la brèche, mais plus tard la Révolution en a profité, et y a passé.

A je ne sais quelle station mon guide m'invite à descendre pour visiter plus loin ce qui reste du château de madame de Grignan ; je n'en ferai rien : cette femme n'est pas mon type; je le dis, dussé-je être traité comme la Plessis par l'ombre de madame de Sévigné. C'est à Grignan que la spirituelle marquise est morte; si loin de la Bretagne! Grignan était plus somptueux, mais j'aurais préféré les Rochers, c'est à dire la vue des Rochers, car son manoir encore plein d'elle, ses boulingrins et la chapelle du bien Bon sont impitoyablement fermés au touriste.

Le chemin de fer s'écarte du Rhône, nous le perdons presque de vue ; nous allons vers Avignon à travers un pays plat. Une station s'appelle Pont-Saint-Esprit, mais on n'y voit pas de pont; une autre Mondragon avec de belles ruines; une autre Mornas dominée par un vieux château. Pendant les guerres de religion, des catholiques ont été précipités du haut des remparts de Mornas; ils tombaient en prononçant le nom de Dieu sur les piques des soldats. Qui faut-il accuser ici. Est-ce Des Adrets, est-ce Montbrun? l'histoire ne le dit pas. Montbrun ou Des Adrets, peu importe ; peu importe aussi que ce fût, ou non, la représaille de quelqu'autre tuerie : à mes yeux le sang n'appelle pas le sang, ni le crime n'excuse le crime ; et partout où je vois des victimes je déteste des bourreaux.

Le convoi fait halte à Orange; il faut suivre

la filière des familles pour comprendre comment celle de Nassau a hérité de cette princi-
pauté. Je cherche en vain un arc de triomphe;
les Romains l'ont mis trop loin de la gare.

A Avignon vers trois heures . arrêtons-nous :
une nuit et une demi-journée de route suf-
fisent ; et puis cette longue attention à des tableaux fuyants finit par vous lasser. Les conducteurs d'omnibus me font des offres obli-
geantes; je les refuse; j'aime mieux aller seul,
à pied, à la découverte de la capitale du Comtat.

Je m'étais figuré son vieux château comme
tant d'autres forteresses du moyen-âge, pen-
delant et désarmé ; le palais des Papes est
tout autre chose. Dès l'abord on demeure surpris devant ses grosses tours carrées, fortes,
intactes, ses grands murs hauts et fiers, et qui
se creusent en gigantesques arceaux; l'ensemble est massif et hardi, fait pour défier le
temps.

Mon guide, fort malédifié de cette ancienne
forteresse papale, glisse un peu vite sur le mas-
sacre de la Glacière et plaide les circonstances
atténuantes. Mais elle reste debout, comme un
témoin, la sombre tour du forfait. Ils y étaient
enfermés toute une légion, non pas de *ci-devant*,
pas même de Français récalcitrants, mais de
simples bourgeois d'Avignon qui préféraient

le gouvernement pacifique de leurs souverains à la domination de Jordan-coupe-têtes et consorts ; n'importe ; ces rebelles ont osé s'opposer aux décrets omnipotents de la république ; il faut s'en débarrasser à tout prix. La nuit est bonne pour faire justice ; on les égorge tous, prêtres, hommes, femmes ; oui, les femmes aussi. La vieille tour a entendu leurs cris, elle a bu leur sang, elle a caché leurs cadavres ; horreur ! La Giacière, le Temple, l'Abbaye, la place Carrière à Nantes ; autant de noms d'exécrable mémoire.

Détournons les yeux et montons plus haut, sur les terrasses rocheuses qui dominent le palais, la ville et le pays. Les papes avaient appelé cet endroit Rome ; le peuple plus clairvoyant le nomma Jardin des Oliviers, comme si, quelqu'attrayant qu'il fût, il ne dût être pour eux qu'un lieu de tristesse, placé ailleurs que dans leur capitale. — J'y rencontre un prêtre âgé qui se promène en lisant son bréviaire : je ne suis pas communicatif, mais enfin j'aime à savoir les noms des choses et des lieux que je vois. Je le questionne et nous causons. Il me désigne dans le lointain les Alpines de la Provence et du Dauphiné, le sommet du Ventoux qui les dépasse ; au-dessous, leurs longs contre-forts où se cachent la fontaine de Vaucluse et le village romanesque et abandonné des Baux.

Que ce panorama est fier au soleil couchant: la vue s'y étend bien, la plaine se déploie, et la Durance arrive au Rhône avec un air imposant. Et puis ce beau soir, cet air chaud plein de parfums! Je n'ai jamais vu ce vieux prêtre, probablement je ne le reverrai plus; mais je ne l'oublierai pas, ni les moments passés là haut : nous associons volontiers quelqu'un à nos bons souvenirs.

Pendant qu'il fait jour, je cherche, à Notre-Dame des Doms, le tombeau du pape Jean XXII, auquel nous devons la pieuse et plaintive sonnerie de l'Angelus; et j'entre dans la cour du château transformé en caserne. Je ne tiens pas à le visiter : à quoi bon : trouver les salles des conclaves transformées en dortoirs, avec les shakos, les gibernes et les coupe-choux des fantassins, cela toucherait peu et ne rappellerait rien.

Mieux vaut errer à l'aventure dans ces ruelles tortueuses qui longent les hautes douves du palais : là encore que de passages sombres, que d'angles et d'enfoncements mystérieux; des débris d'hôtels, des balcons contemporains de Laure et sous lesquels peut-être que Pétrarque a chanté.

C'était alors un drôle de temps, et les maris permettaient à leurs femmes de se laisser écrire d'étranges compliments, à preuve le sonnet du bain et celui du jardinier; il est vrai qu'en poésie..... Malgré sa coquetterie, Laure a été une femme honnête, et belle malgré ses huit enfants.

Un dernier détour au pont d'Avignon. Depuis qu'il s'est aux trois quarts écroulé, personne n'y tourne plus en rond, mais bien sur ses talons. Adieu les vieilles choses et les vieilles chansons.

Trajet en pleine nuit d'Avignon à Nîmes.

Mercredi, 18.

Je m'étais couché tard et je me levai tôt : en voyage on doit abréger son sommeil, comme aussi retarder son déjeuner jusqu'au diner si c'est expédient pour l'itinéraire de la journée.

Dès la pointe du jour j'avais à parcourir Nîmes, grande villasse percée de boulevards un peu prétentieux et de petites rues un peu sales, avec pas mal de bâtisses modernes et deux ou trois monuments romains comme il

ne s'en voit guère; les arènes d'abord, cette
œuvre d'une magnificence singulière. J'y ai
compris pour la première fois d'une façon pal-
pable ce que pouvait le génie du peuple roi. Il
était grand matin, il n'y avait encore personne;
je m'y suis promené seul, heureux d'échapper
à la description d'un gardien : un pareil monument parle assez. Peut-être pourrait-on reprocher à celui-ci trop de restaurations, trop
de pierres qui ne sont romaines que depuis
hier : à bien des endroits le placage se découvre et l'illusion s'en va : mais cette manière
de faire, employée par exception, a aussi ses
avantages ; elle rétablit la figure du passé ; elle
en rend l'exactitude, au défaut de la réalité ; et
souvent ces matériaux neufs, disposés avec art,
vous transportent dans l'antiquité, plus avant
que ne le feraient les ruines les plus intactes. Des
ouvriers sont venus ; on creuse le sol surélevé
de l'arène ; on y cherche le canal des nauma-
chies. En fouillant, on a sorti des ossements :
la science dira bien si ce sont les restes de
l'homme ou de l'animal ; mais saura-t-elle
s'ils ont appartenu au corps d'un gladiateur ou
à celui d'un martyr? Pourtant ces os ont vécu ;
ce sont des squelettes d'acteurs qui se lèvent
après plus de mille ans pour accuser leur public ; mais les gradins sont vides.

Les Nimois ont conservé le goût des plaisirs de cirque et des combats de taureaux; je ne les en félicite pas; ce passe-temps cruel nous recule aux payens; et puis la vue du sang répandu, quel qu'il soit, est d'un mauvais spectacle pour le peuple. En 93, les citoyennes s'installaient avec leurs tricots au pied de la guillotine; toutes, je pense, n'avaient pas septembrisé; mais la curiosité attire, et l'on. se familiarise avec la mort. Si l'on guillotinait tous les jours, la rue de la Roquette ne désemplirait pas.

Les alentours de l'amphithéâtre n'ont aucun caractère; les maisons sont laides, basses, bâties trop près ou trop loin, et leur vie bourgeoise touche au vieil édifice, défaut d'harmonie qui choque.

Même critique à la Maison carrée. Cachez les magasins du boulevard Saint-Antoine, le théâtre à côté où l'on joue la Cagnotte, et vous verrez avec plaisir ce délicieux spécimen que la Madeleine a grandi mais n'a pas surpassé. Tel est le triomphe des bonnes proportions et de l'harmonie des parties; diminuez-les jusqu'au presse-papier ou poussez-les jusqu'au colosse, l'ensemble, grand ou petit, restera juste, élégant, mesuré.

Au bout d'une longue rue et d'un canal en-

nuyeusement planté, l'un et l'autre parsemés
d'assez vilaines choses, car les Nimois ne sont
pas propres, vous entrez dans un jardin à
la française où des pans de murs antiques font
suite aux parterres et aux quinconces; l'effet
en est singulier.

Le pays autour de Nîmes semble triste et
dénudé; on n'y voit que des oliviers qui se
cramponnent aux terrains pierreux : ce petit
arbre pâle a pourtant bien du prestige; il ap-
parait comme le précurseur d'autres climats.

Tarascon ou Beaucaire, c'est tout un; il n'y a
qu'un château qui les distingue : j'y ai attendu
indéfiniment dans une gare pleine de monde;
cela suffit pour détester une ville.

Arles a été ma dernière étape avant Marseille.
Cette cité déchue survit à sa grandeur. Elle
montre aussi un amphithéâtre et un théâtre
romains; le premier solennel, lugubre, abandonné; avec des souterrains et des voûtes qui
s'effondrent : l'autre, d'un aspect riant et qui
conserve un faux air de fête: on y retrouve
encore l'ancienne disposition de la salle, la
place des spectateurs, les dalles de marbre de
l'orchestre et la colonnade qui servait d'entrée aux artistes préférés. Voyez-vous Déjazet
ou Dupuy des Variétés passant par là, ou made-
moiselle Patti qui alors se serait appelée Patta?

A quelque distance il y a un autre lieu plus sévère, le cimetière des Alyscamps. Des tombes s'y alignent mêlées de cyprès. Autrefois elles ont servi à des payens : les chrétiens se les sont appropriées plus tard par quelque signe pieux et s'y sont fait ensevelir. Aujourd'hui qu'une piété indiscrète, et puis la curiosité profane les ont déchargées de leurs fardeaux, elles gisent béantes le long du chemin. Une seule paraît avoir gardé son dépôt, celle d'un homme tué en duel auquel son ennemi a fait élever cette sépulture : jadis on se repentait de la mort d'un ennemi; on s'en vante à présent; autre siècle, autres idées.

Ne pas oublier de chercher derrière l'église de Saint-Trophime un cloître roman et gothique, joyau d'exquise orfèvrerie; le lieu est fermé, le préau désert; on y serait bien pour songer. J'aurais voulu visiter à une lieue d'Arles l'abbaye de Mont-Mayour isolée sur son rocher comme un mont Saint-Michel des prairies; elle a beaucoup de sa forme et de son aspect, mais il lui manque le couronnement svelte de l'abbaye normande. Je n'ai pas eu le temps, et je l'ai regretté; loin de chez soi, on n'est jamais sûr de repasser.

Les Arlésiennes sont belles, tout le monde le sait, elles aussi je pense, mais au moins elles n'en font pas trop semblant, c'est une justice qu'il faut leur rendre. On les dit jalouses et violentes au besoin ; on s'en douterait à leurs yeux ardents.

D'Arles à Marseille le paysage change, et se présente avec des contrastes frappants. D'abord la plaine caillouteuse et désolée de la Crau ; au fond, des montagnes arides ; çà et là, de funèbres rangées de cyprès ; puis, au delà de l'étang de Berre et de l'interminable tunnel de la Nerthe, le décor change, et Marseille avec sa mer bleue se développe orgueilleusement devant vous. Ce coup d'œil est cher aux Marseillais, et à bon droit.

Pour saisir l'ensemble de cette grande cité il faut monter à Notre-Dame de la Garde, d'où l'œil embrasse à la fois les deux villes, celle des Phocéens' et celle de monsieur Péreire ; convenons qu'il est malaisé de les reconnaître.

Jeudi, 19.

Elle est bien bruyante leur Canebière ; troun de l'air !

Comme j'y flânais, je vis la foule se ranger

pour faire place au Viatique que l'on portait
ostensiblement. Plusieurs hommes suivaient
en tenant des flambeaux. L'attitude des passants fut parfaite ; et si tous les fronts ne
s'inclinaient pas avec foi, ils se découvraient
du moins avec respect ; c'est beaucoup, surtout
quand on vient de Paris.

— A l'heure fixe, je gagnai mon vapeur et
m'installai dans une cabine. Quantité de gens
encombraient le pont et se disaient adieu ; au
coup de sifflet, on s'écarte ; mais on se voit
encore ; et cette séparation presqu'insensible du
bateau qui s'éloigne doit être plus pénible que
les autres.

Je ne dissimulerai pas qu'au moment de
l'embarquement une première traversée paraît
une audacieuse sottise ; on redoute le mal de
mer ; il vous revient des récits de naufrages ;
et l'eau qui clapote a l'air de dire « je te
tiens maintenant, tu es à moi. »

Le mieux est de n'y pas songer et de manger
de bon appétit,

Au delà du château d'If, lieu en effet peu ré-
créatif, notre bateau se mit à dandiner ; certains passagers s'attristaient déjà d'un façon
visible ; mais à bord on ne rit pas de l'infor-
tune d'autrui ; on compatit, et l'on s'interroge.

Le public valide se réunissait par groupes, qui

causaient, jouaient aux cartes, ou braquaient des longues vues. On entendait des bribes de conversations; des marins d'eau douce se vantant d'aventures imaginaires; d'autres, lançant quelques mots d'argot maritime, et des babord, sabord et tribord destinés à produire leur effet. Au milieu le capitaine allant et venant les mains dans les poches et se livrant à un exercice forcé; il regardait de travers les connaisseurs suspects, ou avec indifférence les malades. Pourquoi ce gros despote affecte-t-il l'air bourru ?

J'ai fait un tour à l'avant; j'y étais au milieu de Belges, volontaires pontificaux, et de vieux loups de mer qui se parlaient dans un patois rude et allumaient leurs pipes à une mèche attachée. Dans un coin, entre des ballots et des cordages, les mousses se partageaient une écuelle; pauvres enfants, ils font pitié. Ce sont les serviteurs de tout le monde, les patiras de tout l'équipage; toujours à gratter, à frotter, à rincer, pendant que leurs aînés se croisent les bras et se réservent.

Je me suis aussi approché du pilote, ce muet au front réfléchi, dont la pensée, à bien des moments, est la garantie de nos existences. On ne lui parle pas, crainte de le déranger; mais dans ses yeux, fixés droit, on suit son savant monologue. Pour nous ce grand inconnu des eaux est une profondeur où la direction échappe ; pour lui c'est un pays accidenté dont il connaît le relief ; il sait l'écueil caché qu'il faut éviter, il prévoit le récif qui menace ; et sa main, ferme sur la barre, nous conduit par des chemins invisibles qui sont les vallées de l'abîme.

Un temps à souhait a permis de raser comme à vol d'oiseau les côtes de la Provence et ses promontoires découpés. Le soir, après avoir dépassé Toulon, Hyères, et les îles, nous avons gagné la pleine mer : puis, la nuit venue, la lune a tracé à l'arrière son long sillage d'argent. Nous allions bien : l'hélice travaillait avec des ronflements sonores.

Vendredi, 20.

Une nuit à bord est un supplice, même une sorte d'avant goût du cercueil. Vous êtes couché dans un lit étroit fait en forme de boîte avec une planche à deux pieds au dessus de la tête. Si vous vous redressez par mégarde vous vous cognez affreusement ; si vous prêtez l'oreille vous entendez des bruits sourds et des craquements. Ajoutez à cela une foule d'inconvénients. Ceux qui ne se déshabillent pas, ne dorment pas; ceux qui ôtent leurs vêtements ne savent où les placer. Il faut prendre garde de s'asseoir sur sa montre ou d'étouffer avec son manteau le voisin d'en dessous. Et encore ce sont les circonstances les plus favorables d'une traversée; quand la mer est grosse, en vérité je n'imagine pas ce que cela peut être. Aussi dort-on par acquit de conscience, et le moins longtemps qu'on peut; c'est ce que j'ai fait; j'avais d'ailleurs un compagnon de cabine qui gémissait beaucoup.

En remontant le matin sur le pont nous étions en vue de l'Italie; Italiam.....!

A Livourne, port banal et plat où le bateau stoppait, je n'ai pas voulu mettre pied à terre; je suis resté en panne; j'ai lu, regardé voler et nager les mouettes, et entendu un concert enivrant, trois musiciens qui se démenaient dans un petit bateau.

Nous sommes repartis tard. Pendant la soirée j'ai eu l'honneur de m'entretenir avec Mgr Oreglia di San Stephano. Quoique nonce, Mgr Oreglia ne porte pas le costume ecclésiastique; il vient de la Hollande où la crinoline Benoiton est tolérée, mais point la soutane.

Samedi, 21.

Arrivée à Civita-Vecchia. Le drapeau pontifical, jaune et blanc, flotte sur les vieux murs; que de nobles dévouements ont servi ces couleurs.

Les passe-ports exhibés, on s'est hâté d'aller à la gare : le premier train venait de partir; le suivant ne devait nous prendre que dans six heures : c'était plus de loisirs qu'il n'en fallait. Chacun a occupé les siens selon sa fantaisie, qui à manger, qui à dormir ou à fumer. Je fis un peu du tout après avoir flâné dans la ville. J'y rencontrai foule de nos petits troupiers : j'eus plaisir à les voir : ils avaient là, du reste, une désinvolture aussi gracieuse et un air aussi dégingandé que partout ailleurs. Je suivis les bastions du port, je m'aventurai dans quelques ruelles; puis, en entendant notre musique d'infanterie, je revins sottement me planter devant la caserne.

C'était jour de marché à Civitta; il y avait beaucoup de gens de la campagne; on n'oserait pas dire des paysans. De grands hommes bruns s'en allaient dans leurs chariots, debout et campés en triomphateurs; ils excitaient les attelages de leurs bœufs aux longues cornes, non point comme chez nous avec d'impitoyables coups ou des juremenls qui sentent l'impiété, mais par des appels de voix graves comme un reproche, et en leur touchant le front du bout de leurs bâtons, d'un geste plein de commandement; les personnages de Van Dyck sont moins nobles et plus maniérés.

Je me trouvai en wagon à côté d'Italiens italianissimes ; leur société ne m'allait pas; le trajet fut long; il fallut les supporter quatre heures. Les choses se passent drôlement sur ce petit parcours; on s'arrête sans motif au milieu d'un champ; un chasseur arrive, décharge son fusil et monte dans le convoi : plus loin, toujours sans station, on attend indéfiniment des paysans qui ne se pressent pas.

Il paraît que la route de Civitta à Rome était plus pittoresque avant le chemin de fer; faute d'un point de comparaison celle-ci m'a plu, et je la trouvai telle que je me l'étais figurée. Pendant longtemps on longe la mer et des pâturages à perte de vue, deux solitudes ; puis quelques rares bouquets de bois d'une végétation épaisse et serrée ; pas de villages, peu d'habitants; de loin en loin, pour interrompre cette monotonie, une ferme bien close comme une forteresse, ou des bergers à cheval qui poussent leurs troupeaux; beaucoup de tristesse, beaucoup de grandeur; c'est presque le sol de Rome.

Nous approchions de la ville éternelle. — Voilà le dôme de saint Pierre. Salut au phare de la catholicité !

— Geloux et Gaspard sont venus au devant de moi. Merci, mes bons amis. Au terme d'un long voyage si vous arrivez seul, si vous êtes seul à vous orienter, vous aurez beau rencontrer après, vous n'en resterez pas moins dépaysé : mais si en mettant pied à terre vous vous voyez attendu et fêté, alors vous pouvez oublier la distance, et vous dissimuler la séparation.

Eux, leurs amis et moi nous sommes réunis dans la via Frattina.

Dimanche, 22.

Etre à Rome! On en doute au réveil, on croit continuer un rêve.

Pour débuter, j'ai entendu la messe à Saint-André-delle-Fratte, devant la chapelle dite de M. Ratisbonne. Celui qui fut le témoin de sa conversion merveilleuse, et nous en faisait le récit avec tant de chaleur d'âme, mon bon et cher oncle Théodore de Bussierre n'est plus : il m'est doux de rencontrer ici sa mémoire, dès mes premiers pas dans cette Rome qui était la vraie patrie de son âme, et où je garde le lointain mais fidèle souvenir du temps où enfant j'y ai habité avec lui.

Geloux m'a promené dans la ville, et m'a conduit à trois endroits bien différents; à la Farnésine, à Saint-Pierre, au Colysée. La Farnésine avant Saint-Pierre! je le lui reprocherai longtemps!

Il faisait gris, il pleuvait : nous avons pris par un long quartier boueux, tourné et retourné dans des ruelles, passé devant des palais humides et des façades mouillées. Il ne faut pas songer à marcher sur des trottoirs, il n'y en a pas, ou ils sont trop étroits; on se dirige comme on peut entre les flaques et sur les éminences du pavé.

La Farnésine est au-delà du Tibre dont les eaux glauques et rapides sont plutôt d'un torrent que d'un fleuve. Ce petit palais ne m'a guère plu; il est à demi abandonné; l'herbe y pousse dans les cours, et les murs ont l'air moisi. Il faisait si sombre que l'on distinguait mal les plafonds de Jules Romain. Je regardais par la fenêtre un espalier d'orangers et de ci-

tronniers, pendant que mon ami se complaisait
devant la Galathée de Raphaël; mais les feuilles
étaient luisantes de pluie et les oranges
égouttaient : où est donc ce beau ciel d'Italie.

De là à Saint-Pierre. Enfin!

Soyons sincère. — La colonnade, les abords,
le vestibule, tout prépare magnifiquement;
vous soulevez avec émotion une lourde portière, vous entrez... et vous vous trouvez froid.
Pourquoi cela? Est-ce que l'œil est déjà trop
habitué par le dehors au gigantesque des proportions, ou, comme on l'a dit souvent, que les
lignes interrompues de la nef empêchent de
saisir son étendue; je ne sais; mais il me
semble qu'à côté de cette loi d'architecture il
se manifeste une autre loi morale, et que dans
cette basilique, comme ailleurs, notre attente
trop curieuse et trop impatiente nuit à l'impression de la réalité. Et pourtant rien n'est si
vaste ni si grandiose ; vous en convenez et vous
calculez avec étonnement; en comparant votre
surprise augmente; mais le premier instant de
l'admiration est passé, et le cri de l'âme ne
part plus.

Pour retrouver l'émotion il faut s'approcher
de la coupole; là tout est, et paraît grand. La
pensée et le regard s'y perdent dans les pro-
fondeurs, au dessus du tombeau de l'apôtre,

près de sa chaire, près de sa statue faite avec le bronze du Jupiter Capitolin : quel plus glorieux trophée! comment ne croirait-on pas cette parole qui vous environne. « Tu es Pierre et sur Pierre je fonderai mon Eglise »

Nous sommes allés ensuite au Colysée; la tristesse du jour s'ajoutait à celle du lieu; il y a des souvenirs qui pénètrent comme le temps.

Ainsi rapprochés, Saint-Pierre et le Colysée paraissent deux géants, l'un vivant, l'autre mort et décomposé; on ne saurait les embrasser d'un seul coup, ils dépassent trop notre taille.

———

Lundi, 23.

Quelle nuit! Je comprends maintenant ce fléau dont on m'avait menacé; on n'avait pas exagéré, c'est à désespérer du repos.

« La puce, puisqu'il faut l'appeler par son nom,

« Déclare aux étrangers la guerre;

« Ils n'en meurent pas tous, mais tous sont dévorés » ... et comment!

Encore si ce n'étaient que quelques tirailleurs isolés, mais il y en a des escouades et des légions.

Je me suis aventuré seul aux alentours, occupé à ne pas me perdre autant qu'à regarder : aussi n'ai-je pas été peu surpris en me trouvant à l'improviste devant le Panthéon, ce vieux converti du paganisme, aujourd'hui l'église de tous les Saints. On le reconnait sans peine à son péristyle fort et noble et à sa calotte sphérique ; la gravure de Piranesi en donne une juste idée.

Sur la place, devant le Panthéon, un charlatan débitait sa marchandise : il arrachait des dents à une tête de carton, et les lui remettait avec force gestes, cris et déclamation. Nos fantassins riaient, tandis que les hommes du peuple écoutaient d'un air sérieux. A l'ombre des colonnes d'Agrippa, si ces hommes avaient porté la toge, on se serait cru volontiers devant une tribune aux harangues.

Geloux s'est encore offert à me servir de guide ; il possède son Italie et son italien ; il sait voir et apprécier ; c'est plaisir de cheminer avec lui.

Nous avons été à Saint-Laurent-hors-des-Murs. Une voiture nous a conduits jusqu'à l'enceinte, à travers une bonne moitié de Rome. On laisse un quartier populeux, des maisons serrées et qui se touchent ; puis, par degrés,

la vie s'espace et le mouvement disparaît; on
suit des rues désertes, de longs murs qui montent; la verdure borde la chaussée comme
dans des chemins; au dessus, sur le ciel bleu,
quelques clochetons carrés appuyés à des toits,
ou un bouquet d'arbustes odorants qui dépassent.

La porte Saint-Laurent ferme la ville de ce
côté : ses deux tours, son entrée oblique et ses
arcades écrasées lui donnent un air de méfiance.
Un chariot y arrivait traîné de quatre bœufs;
les hommes qui les menaient se courbaient
pour passer comme sous une poterne.

Au dehors, à environ un kilomètre, on s'arrête devant l'église sur une place inégale. L'extérieur de Saint-Laurent est simple et primitif;
rien n'est fait pour l'attrait des yeux. Son toit
plat est seulement mis pour abriter; son portique, pour préserver de l'orage ou de la chaleur: les fenêtres n'ont été percées que pour
donner le jour qu'il fallait. C'est le style latin :
en d'autres termes le roman du midi, style
grave et sincère des âges convaincus. Sous le
porche il y a d'anciennes fresques divisées en
petits tableaux; plusieurs sujets sont naïve-
ment grotesques. L'intérieur est sobre d'ornements; des colonnes antiques s'alignent aux
bas côtés; la nef est interrompue par deux

chaires basses d'un travail de marbre dit
«Alexandrin; » au fond, des gradins montent
au chœur, et descendent de chaque côté vers la
crypte, où se trouvent les corps de saint Lau-
rent et de saint Etienne et l'entrée d'une
catacombe.

L'ensemble de l'édifice paraît rigide et
dépouillé; il faut se faire à oublier ainsi nos
coquetteries d'architecture.

Près de la porte, un sarcophage sert de tombeau à un cardinal du seizième siècle ; son bas-
relief représente un mariage et une vendange :
voilà où a conduit le néo-paganisme de la re-
naissance.

Plus loin, on voit d'autres tombes dans le
grand cimetière, mais combien différentes. —
« Ame douce, âme chérie qui nous a quittés. »
ou bien « une telle ravie par les anges, » ou
encore « tu as été mon meilleur partage dans
la vie, tu es mon attente désirée en Dieu. »
Vraiment ces inscriptions latines ou italiennes
sont belles et touchantes; elles parlent d'espé-
rance et de l'amour qui ne finit pas.

Ce cimetière plaît aussi par sa position
autant qu'un cimetière peut plaire; il n'a pas,
comme plusieurs que je connais en Suisse, de ces
gaîtés hors de propos qui en font des lieux de
promenade et de point de vue; ni, comme ceux

de nos villes de France, l'aspect funèbre des morts qu'on écarte; il n'est pas enfermé; il s'incline sur un pli de terrain et s'ouvre par endroits sur la campagne. J'ai été jusqu'en haut; quel horizon suave! voilà donc le premier empire romain, Albano, le Mont Albain, Tusculum et Frascati; plus loin Tivoli, la bourgade haute d'Horace, et le Soracte blanchi par la neige; petit pays où il nous a fallu vivre pendant des années de collége; aujourd'hui je le regrette moins.

Nous sommes rentrés dans Rome. Nous avons suivi des hauteurs et gagné Sainte-Marie-Majeure. On y est ébloui plutôt que fasciné. Il paraît que le premier or du Nouveau monde y reluit dans les caissons, il est solide et de belle qualité. Même disposition qu'à Saint-Laurent, de plus la grandeur et l'éclat; seulement le chœur est au niveau de la nef, et le portique s'est exhaussé d'une double colonnade. Je comprends à présent comme étaient les basiliques, de longs vestibules de l'autel : une autre particularité paraît caractéristique; c'est, devant le maître-autel, l'ouverture, en contre-bas, qu'on nomme la confession et qui précède la tombe des saints ou des martyrs. La nouvelle église s'est exhaussée par degrés sur l'ancienne, mais elle a voulu conserver la vue du lieu vénéré; elle a ouvert une trouée sur la crypte comme sur un caveau taillé; et l'on dirait qu'en gage de la résurrection glorieuse, promise à ces héros, elle soulève d'avance la pierre de leurs sépulcres.

Geloux, qui cherchait la sacristie, se trompa de porte, et alla frapper et cogner avec insistance à une autre; pas de réponse; c'était le tombeau d'un Pape. Le moyen de se retenir en pareille occurrence, même dans une basilique.

Mardi, 24.

Après-midi, nous nous mettons six dans une vaste calèche, et nous voilà partis pour Albano. J'aime ces grands embarquements entre gens qui se conviennent, si j'en juge du moins par réciprocité.

Nous longeons la Voie-Sacrée, nous contournons des collines célèbres, nous passons sous l'arc de Drusus, ce vainqueur de la Germanie, distingué par les regrets d'Auguste. et nous sortons de Rome par la porte Saint-Sébastien, près de la nymphée qu'on appelle à tort la fontaine d'Egérie.

La basilique de Saint-Sébastien, une des sept majeures de Rome, est bien humble et modeste, plus que celle de Saint-Laurent, et comme elle, l'œuvre des premiers temps. Là, une nef unie, plus de bas-côtés, point de colonnes, mais des restes précieux ; derrière le chœur on descend dans une chapelle basse, l'antique église des catacombes ; on y voit le puits où, selon la tradition, les corps des saints Pierre et Paul furent d'abord cachés, l'autel, le banc des prêtres, le lieu où le pape saint Etienne fut martyrisé et la chambre souterraine qui lui servait d'asile.

On aimerait rester du temps dans un pareil sanctuaire.

La voie Appienne commençait jadis aux murs de Rome, mais à présent on ne la retrouve qu'après un assez long parcours. Les clôtures cessent, le désert de verdure se déploie. Ce n'est pas une étendue plane, mais ondulée mollement. De longs aqueducs interrompent seuls ces espaces ; ils sont parfois si bien conservés qu'on les croirait en usage ; puis les arcades se brisent et la chaine est rompue ; après, quelques piliers croulants, une brèche, d'autres arcades, et ainsi à perte de vue. La route est tracée, comme à la voie Sacrée, par de larges dalles inégales ; les Romains faisaient tout en grand, les pavés comme le reste ; leurs légions les ont foulés ; c'est par cette voie qu'elles ont quitté Rome pour conquérir une partie de l'univers connu : étrange destinée d'une seule ville !

Quelques vestiges de trottoirs et des débris qui s'émiettent annoncent la grande nécropole des payens ; il fallait traverser la cité de leurs morts avant d'entrer dans l'autre : pourquoi les avoir ainsi placés en vue et comme en ostentation ? Etait-ce orgueil ou indifférence ?

Le plus remarquable de ces tombeaux, celui de Cœcilia Metella, est un gros édifice rond vigoureusement bâti ; au moyen âge, les Gaetani en ont fait une forteresse et l'ont assez défiguré ; leur écusson reste accolé au monument de la femme de Crassus.

Nous mettons pied à terre pour chercher, dans les herbes, le cirque de Romulus, non le fondateur de Rome, mais le fils de Maxence. Ce cirque, quoique dégradé, est encore reconnaissable ; on suit bien son ovale à une extrémité ; à l'autre, l'entrée et les deux tours où se tenaient les joueurs de flûte qui excitaient les chevaux ; au milieu, on retrouve l'arète et la borne que les chars rasaient en tournant. On y remarque des morceaux de poterie enchassés dans les murs et destinés, paraît-il, à faire re-

3.

tentir le bruit des applaudissements. Les Romains étaient en arrière ; nous avons mieux aujourd'hui ; les journaux ont remplacé les tessons.

Gaspard nous rejoint à cheval ; il galope en culottes et en soutanelle, et l'exercice lui rend sa bonne mine d'autrefois : pauvre ami, ses forces ne trahiront-elles pas sa généreuse ardeur (1).

A partir du cirque, pendant près d'une heure, la route longe une suite de columbaires et de tombeaux ; beaucoup sont détruits, d'autres gardent encore leurs épitaphes sonores et vides, leurs recommandations aux dieux mânes, ou ce souhait « que la terre lui soit légère » que l'on croirait oublié avec l'inanité du paganisme, si de nos jours on ne l'entendait servir de péroraison à plus d'un discours funèbre.

Un des plus grands défunts dont les noms s'offrent ici est le philosophe Sénèque. Sa villa se trouvait près d'un tombeau qu'on a supposé le sien ; il y serait venu mourir à côté de sa sépulture et plus loin du prince qui le

____

(1) Un an plus tard, Gaspard de Leusse, nouveau sous-diacre, s'éteignait après avoir offert son double sacrifice.

Nous lui gardons, au foyer du cœur, une place qui ne se refroidira pas.

condamnait. Singulière énigme que la philosophie de ce millionnaire, l'ancien complaisant de Néron et, d'après certains, le conseiller de la mort d'Agrippine. Ses écrits, sa vieillesse plus digne et son malheur l'ont rapproché de nous; peut-être, à la fin, entrevit-il la vérité; peut-être qu'un jour plus sombre, le long de cette voie Sacrée, il rencontra Paul, le prédicateur du Dieu inconnu, qui venait d'Orient à Rome en passant par ce chemin.

Au delà du cinquième mille il y a trois tumuli en forme de cônes qui auraient servi, dit la légende, à couvrir les corps des Horaces et des Curiaces : pourquoi trois? puisqu'ils y sont tombés cinq. — Plus loin on franchit le fossé qui servait de limite au premier Empire romain; on traverse une chaussée, on sent plusieurs cahots, ce sont les rails d'un chemin de fer.

La voie Appienne se perd, et l'on gravit la colline d'Albano, où des touffes aiguës de cactus et d'aloès poussent abandonnées le long des berges comme ailleurs les chardons.

Nous y avons musé en regardant le coucher du soleil. La scène était belle, l'acteur éblouissant. Devant nous ce grand pays éclairé et la mer qui scintillait au loin; plus haut des nuages de feu et d'or, lourds comme des dra-

peries; plus haut encore des rayons qui sor-
taient en gloire; puis par degrés ces hardiesses
se sont adoucies, une vapeur a couvert l'espace,
et il n'est plus resté de cet embrasement qu'un
reflet pâle d'incarnat fondu dans l'azur. —
Dans nos plaisirs le soleil n'est-il pas de moitié.

———

Mercredi, 25.

Nous sommes allés de bonne heure à Castelgandolfo, la résidence du Pape en été. La route
longe des murs de villas qui s'adossent à la
colline, et vers la plaine elle est ombragée par
des oliviers et des chênes verts les plus beaux
du monde. Ces vieillards accoudent leurs
branches osseuses à de forts piliers qu'on a bâ-
tis pour les soutenir ; ils ont des formes admi-
rables et des épaisseurs d'ombre où le soleil ne
pénètre pas. Ce chemin, à mi-côte, est singulièrement plaisant ; il domine la campagne, et
voit Rome dans le lointain. D'aussi matin, nous
y avons rencontré une procession de moines et
d'enfants de chœur qui portaient des hampes
bariolées, surmontées de lanternes ou des

insignes de la passion; cela rappelait de vieilles gravures.

Le palais de Castelgandolfo dans une ruelle du village n'a rien d'un lieu de plaisance ni de villégiature; une terrasse lui sert de promenoir. Avant d'entrer, on passe sous les fenêtres grillées d'une prison, d'où l'on vous tend une bourse au bout d'une longue perche; c'est une supplique muette; bien dur celui qui s'y refuserait. A l'intérieur, on montre quelques galeries et les appartements privés. La chambre du Pape est plus que simple; le plus mince particulier ne s'en contenterait pas. Celle du cardinal Antonelli est ornée de magots qui disent oui ou non comme on les pousse, sans doute un souvenir de quelque diplomate.

Nous sommes revenus par le haut de la colline, en longeant le lac d'Albano, desséché, comme on sait, par l'émissaire des Romains; l'oracle avait prédit qu'ils prendraient Veïes, à trois lieues de là, quand les eaux d'Albano s'écouleraient dans la plaine; on creusa le canal souterrain, le bassin se désemplit et Veïes fut prise : je me permets de douter de l'exactitude du fait et de l'utilité de ce travail. Le chemin cotoie les anciens bords, devenus des parois raides et nues; dans l'entonnoir, le lac morne où l'éclat du ciel se ternit; le paysage est sévère; les montagnes font un cadre sérieux.

Après déjeuner, départ d'Albano en caravane; qui, sur un cheval étique, qui, sur un maigre mulet : le sort m'avait donné une bête efflanquée portant humblement la tète; il se trouva que sa modestie animale cachait un cœur d'or et de fort bons jarrets.

D'Albano à l'Aricia on pourrait se croire aux avenues de Meudon, si entre les chènes et les tilleuls bas on ne voyait des formes de terrains qui ne sont pas celles de Clamart. Au lieu de Clamart vient un gigantesque viaduc, puis un parc aux Chigi où il est défendu de couper; ce sera bientôt la forêt de la Belle au bois dormant. Encore d'autres avenues, et plus loin deux éminences qui jadis s'appelaient Corioles et Lanuvium.

Horace a suivi ce parcours :

« Egressum magna me accepit Aricia Roma.
« Hospitio modico.

Nous n'en avons pas usé, et laissant de côté la route de Naples nous nous sommes dirigés vers le lac de Némi. Rien de plus solitaire, de plus charmant : son eau immobile dort au fond d'un cratère dont les berges sont tapissées de verdure; on dirait la coupe épuisée et cöuronnée d'un festin. A l'autre extrémité, on arrive à Némi, bourgade pittoresque qui s'é-tage au-dessus du lac. Avant d'y entrer, on passe sur les arches d'un vieux pont : tout cela arrangé à plaisir.

Au delà de Némi, il fallût gravir à pic, à travers taillis et broussailles, pour atteindre le Monte-Cavo, sommet culminant d'où nous es-périons de la vue ; nous n'y avons trouvé qu'un brouillard dense et pénétrant.

Après une heure d'attente à la porte d'un couvent de Passionistes, on prit à l'unanimité le parti de continuer ; un peu après, nous vîmes le nuage se détacher de la montagne ; mais il était trop tard pour retourner.

Nous sommes descendus par une ancienne route dallée, probablement celle des ovations. Quand un général avait vaincu dans une guerre civile il avait droit au petit triomphe : on le conduisait en pompe au Mont-Albain (Monte-Cavo), et l'on immolait une brebis (ovem), de là ovation. Et nous, hélas ! si nous avions un Mont-Albain, que de triomphateurs aussi nous y aurions menés.

Plus bas, dans une sorte de col, une clai-rière a gardé le nom de camp d'Annibal ; les archéologues le lui contestent ; la science est parfois gênante.

Rocca di Papa, à mi-côte de Monte-Cavo, n'est qu'un misérable repaire amassé sur un rocher. Ses ruelles obstruées de blocs, sa population qui vous harcèle et son auberge enfumée font admirer la couleur locale et souhaiter le départ.

Une bonne route conduit de Rocca di Papa à Frascati. Sur ces pentes heureuses, qu'on pourrait appeler le paradis de la campagne romaine, les chataigneraies, les prés et les cultures se mêlent aux plus charmantes villas; j'envie leurs propriétaires.

Affluence de monde à Frascati où il est difficile de trouver un logement; nous avons failli coucher, Geloux et moi, dans un couvent de capucins; cette perspective stimule les recherches. Enfin, un particulier nous a cédé deux lits dans une chambre fermée de toiles collées sur chassis. Le propriétaire de cet immeuble fragile connaît Paris, et parle avec admiration du Palais-Royal; ce n'est pas là, bien sûr, qu'il a appris ce nouveau mode de cloisons.

Jeudi, 26.

Nous fûmes bien aises de quitter ce mauvais gîte. La caravane réunie, on se concerta pour arrêter le plan de la journée; on convint d'aller le matin à Grotta-Ferrata, monastère isolé et clos dans la campagne à peu de distance de Frascati.

Saint Nil, moine grec du dixième siècle, a fondé cette abbaye, qui appartient aujourd'hui à des religieux Basiliens. Ils y récitent l'office en grec, et le long des murs on voit des inscriptions dans la langue christianisée d'Homère.

Cette communauté représente les anciennes églises, jadis si florissantes, de l'Orient. Beaucoup d'entre elles, aujourd'hui schismatiques, sont comme les aqueducs rompus que nous avons suivis; monuments, tant qu'ils étaient unis à Rome; ruines, depuis qu'ils en sont séparés.

Après midi, nous sommes montés à Tusculum en passant par les villas; villa Braschini, de la Propagande, villa Aldobrandini aux grands airs, villa Mondragone trop grande même pour les Borghèse et qu'ils ont louée à un collége de

jésuites (1). De nobles moutards s'y prélassent
dans de grands salons, et apprennent l'histoire
de Rome en la regardant de la terrasse. Au lieu
de leur dire « à tel ou tel point de la carte il
s'est passé tel fait, tâchez de retenir ces noms
arides, » on n'a qu'à leur montrer les endroits,
« c'est ici, c'est là, sous vos yeux. » Plusieurs
d'entre eux se figurent probablement de bonne
foi que leurs grands pères y ont figuré sous la
toge.

Ces villas, toutes pittoresques et bien situées,
se relient par des chemins sinueux, ou des
allées droites plantées de chènes verts ; la frai-
cheur y est bonne. Nous les avons suivis et
avons gravi jusqu'au sommet, d'où l'on embrasse une assez grande étendue de montagnes,
et des vallées perdues où l'on aimerait à s'éga-
rer, n'était-ce crainte de ces incommodes
passants qu'on nomme *birbanti*.

Il reste peu de chose de Tusculum ; les gradins d'un théâtre, quelques murs en travail ré-
ticulaire, un pavé, et de grandes salles voûtées
qui ont servi à des réservoirs. On les a nommées
à tort la maison de Cicéron ; la critique ici et
le seul bon sens sont d'accord pour assigner à

---

(1) On sait que les Jésuites sont maintenant chassés par le
gouvernement libéral qui détient Rome et l'Italie.

ces débris leur véritable destination. Un Anglais et sa femme les parcouraient en même temps avec l'air flegmatique qu'on connaît. J'ai remué à terre un fragment d'inscription; ARGENTOR.... je ne m'attendais pas à rencontrer si loin une mention de Strasbourg.

C'est au-dessous, après des bosquets de lauriers touffus comme des charmilles, qu'il faut chercher, si j'en crois les guides, le véritable emplacement de la villa de Cicéron. Les moines de Grotta-Ferrata le revendiquent aussi, et, paraît-il, avec quelque avantage; je ne déciderai pas. Ces derniers montrent dans le creux de leur vallon un ruisseau qui serait l' « aqua crebra » de sa villa; ce mince filet d'eau avait aussi son histoire, et le grand homme pour en orner ses jardins devait une redevance annuelle au municipe de Tusculum.

Cicéron est une des grandes et originales figures de l'antiquité; ce n'est pas seulement l'orateur qui nous attire, c'est l'homme, disons mieux, c'est le père. A cette époque où pour les vrais romains tout était sujet de deuil, où l'Etat qu'il venait de sauver s'absorbait entre les mains d'un seul, Cicéron, tant de fois errant et proscrit, malheureux dans son intérieur comme dans la chose publique, avait concentré toutes ses plus chères affections sur la tête de sa fille unique. Tullie meurt à Tusculum, et son père inconsolable se réfugie dans les bois d'Astura, où, comme il le dit lui-même, il interrompait ses lectures pour laisser cours à ses larmes. C'est alors qu'Atticus lui écrit et l'engage à reparaitre en public; il lui exprime la crainte que cet excès d'abattement ne le fasse railler de sa faiblesse, et peut être mal juger par ses concitoyens. Dans ces tristes phrases, où l'antiquité se peint tout entière, on trouve ces mots qui sont faits pour navrer, — « s'il reste quelque sentiment après la mort. » Mais Cicéron était plus homme que la plupart de ses contemporains, et il comprit dans sa douleur que tout n'est pas et ne peut être fini avec la vie. Seul, interrogeant son cœur et les sentiments vrais de la nature, il affirma l'immortalité de l'âme dans son traité de la consolation, et cette pensée qui s'adressait à Tullie, « toutes les âmes viennent du ciel, et celles qui se sont conservées pures retournent à la source de leur être pour y subsister éternellement dans la participation à la nature divine : » Tullie, âme pure qu'il invoquait, avait divorcé deux fois. Cicéron l'aimait si tendrement qu'il avait songé à lui élever un temple; il fallut toute la malignité des bruits qui circulèrent alors pour le détourner de ce projet : autre oppobre de l'antiquité qui osait bien railler, comme l'avait prédit Atticus, cette vive affection de père qu'elle ne connaissait pas.

Le portique, le lycée, l'académie de sa villa n'existent plus, ni les statues réunies avec choix dans cette retraite qu'il préférait. A sa place, la Ruffinella d'aujourd'hui est une maison de plaisance dont le propriétaire, légitime ici, s'appelle Victor-Emmanuel : le pape n'a pas confisqué son bien à cet escamoteur de trônes. Peut-être qu'un jour, comme un autre Charles-Albert, il viendra songer sur les ruines de Tusculum aux ruines de sa propre maison.
Nous en causons dans le chemin de fer, en revenant à Rome.

Au milieu d'herbages déserts empourprés d'anémones, le long des aqueducs, de ruines croulantes dont on ne sait pas le nom, le convoi se hâte comme un intrus fourvoyé.

Vendredi, 27.

J'ai parcouru, un peu au hasard, la Rome plate qui s'étend entre la place du Peuple et le Capitole d'une part, de l'autre entre le Tibre et les pentes du Quirinal et du Pincio ; l'ancien

Champ-de-Mars occupait en partie ce triangle irrégulier. C'est aujourd'hui, parait-il, le seul quartier populeux de la ville, c'est presque le seul qui ait l'air vraiment habité; dans les autres on demeure encore, mais on ne s'établit plus. Le Corso est le centre élégant; là et autour la société se donne rendez-vous, les étrangers se logent, les magasins et les cafés sont groupés; plus bas, vers le fleuve, un labyrinthe de ruelles tortueuses, et au bout le Ghetto; à l'opposé, sur les pentes des collines, le mouvement cesse et la solitude recommence.

Dans cette grande région on voit tous les contrastes, des églises somptueuses et des marchés, des escaliers de marbre où s'asseoient les mendiants, des poules et des pigeons picotant devant les madones, des équipages qui tournent au milieu d'échoppes, des moines, des élégants, des hommes du peuple aux cheveux noirs, et la façade armoriée des palais porte à porte avec les plus tristes taudis. C'est comme une synthèse de Rome qui étonne mais qui ne choque pas; il est bon qu'il en soit ainsi dans cette ville. A Paris, dans notre métropole d'égalité, la cherté des terrains et le luxe des maisons ont tracé entre les classes une ligne infranchissable : à Rome il en est autrement; le pauvre vit familièrement à côté du riche, et le

noble palais s'appuie sans honte à l'humble demeure de l'indigent.

Je m'étais figuré le Corso plus vaste, plus
spacieux ; une sorte de boulevard triomphal, au
lieu d'une rue de moyenne largeur. Pourtant
on n'est pas tenté de la confondre avec aucune
autre ; elle a son caractère, son mouvement à
part, même ses odeurs à part ; et puis elle traverse Rome, elle longe la colonne Antonine et
finit au Capitole, voilà pourquoi il n'y a qu'un
Corso. Plusieurs anciennes familles y possèdent
des palais, les Chigi, Doria-Pamphili, Sciarra ;
d'autres plus nouvelles en ont acheté, les Rus-
poli, Torlonia, Bonaparte, etc. A Rome, après
le titre, la consécration d'une famille est le palais. Il les faut parés d'architecture avec quelque
chose de pompeux qui attire l'œil du passant.
Leur façade est toujours sur la rue, et en cela
les Romains ont plus de goût que nous qui ca-
chons nos hôtels au fond de cours d'écuries,
mais souvent l'abord en est malpropre et l'en-
tretien négligé. Plusieurs maisons du Corso qui
ne diffèrent guère de leurs voisines s'intitulent
aussi des palais ; la nuance est difficile à saisir ;
il faut s'assurer si elles ont des portes cochères
et si elles appartiennent à des princes.

Dans la même journée cette longue rue
droite change plusieurs fois d'aspect. Elle s'é-

veille et s'anime de bon matin : ce sont d'abord
des charretées de légumes qui arrivent de la
campagne, des marchands qui circulent, des
balayeurs qui font semblant de nettoyer, et
des troupeaux d'ânesses et de chèvres qui s'y
promènent sans plus se gêner qu'aux champs ;
on y sent alors un mélange de verdure de lait
aigre et de scories. Puis viennent les étudiants,
les magistrats en soutanelle, les moines mendiants et le gros tout le monde ; plus tard,
après midi, les flâneurs, les politiques ; enfin,
entre quatre et cinq heures, le beau monde
afflue à pied et en voiture, et passe et repasse
avec affectation en laissant dans l'air une odeur
de musc et de parfums douteux : de là il se
dirige vers le Pincio ou la villa Borghèse et
s'en retourne le soir au coup de canon de
l'Ave Maria. A la nuit tout rentre dans le calme ;
la rue est assez obscure, les passants ne s'at-
tardent pas.

Samedi, 28.

Hier le va et vient et le mouvement; aujour-
d'hui un quartier tranquille, et le passé qui
ressuscite au milieu des ruines.

Au bout du Corso, les premières que l'on
rencontre, en faisant le tour du Capitole, appartiennent au forum de Trajan; l'entourage en
est mesquin, l'emplacement malheureux; ces
tronçons de fûts gros et courts sortent là de
terre, au-dessous de vous, à la manière d'un
plant d'asperges; la colonne Trajane les écrase
de sa hauteur. Ce dernier monument, est, au
dire des connaisseurs, un modèle achevé : je
devrais l'admirer d'après eux, ce serait dans
les convenances; mais, quelque précieux que
soient ses bas-reliefs, je ne comprends pas, je
l'avoue, une colonne isolée. A mon sens toute
colonne appelle la frise, le fronton et les
grandes lignes d'un temple; seule et sans entourage, je ne m'explique ni cette élévation, ni
cette force oisive que les Grecs auraient
blâmée. La statue de Saint-Pierre est bien à
son faite; tout l'orgueil de l'Empire y sert de
cortége au supplicié de Néron. Encore quelques
fragments des forums d'Auguste et de Nerva;

4

peu de chose, mais assez pour les regretter ; la voûte qui servait d'entrée à ces beaux promenoirs se nomme à présent l'Arco di Pantani, l'arcade des bourbiers.

Un peu plus loin, au bout d'une rue, on arrive au Forum par excellence, au vrai Forum romain. De vieux contreforts, deux arcs de triomphe, et les ruines dispersées et à demi enterrées de plusieurs monuments, voilà ce qui reste sur une place irrégulière d'environ deux hectares. Et pourtant cet espace paraît grand, ces débris montent haut, et il circule autour comme une atmosphère de majesté.

Si l'on se place au milieu du Forum sous une allée d'arbres malingres, on a devant soi, pour fond de tableau, les substructions massives du Capitole des Tarquins ; au-dessus, les Archives de la République ; au-dessus encore, le palais moderne des Conservateurs ; singulier assemblage que le temps a harmonisé : tout en bas de la muraille, le petit portique grêle des Dii Consenti : en avant, trois colonnes de marbre ; appartiennent-elles au temple de Vespasien ou à celui de Jupiter Tonnant? Nous laisserons la question pendante. Plus près, il y a huit autres colonnes reliées par une frise, et que l'on attribue à un temple de Saturne, ou de la Fortune, ou de Junon Moneta ;

choisissez ; ce qu'on sait de plus certain par sa grande inscription c'est qu'il a été brûlé, puis rebâti par le sénat et le peuple romain. « *Senatus populus que romanus,* » ces mots font de l'effet. Enfin, sur la même ligne, mais à plusieurs pieds au-dessous du niveau actuel, on voit un petit mur en demi-cercle, reste de la première tribune aux harangues, l'ombilic, sorte de maçonnerie conique qui marquait le centre de la ville, et l'arc de Septime Sévère, où Caracalla, après le meurtre de Geta, fit effacer le nom de son frère pour le remplacer par les épithètes de « très-bon et très-courageux » qu'il crût devoir se décerner.

Il faut lire Ampère pour comprendre la curiosité qui s'attache à chacune de ces pierres ; leur histoire est proprement celle de Rome. Avec lui, et d'après un passage de Pline, je me représente la salle du Sénat sur la droite, à quelques pas de la montée triomphale et de la prison Mamertine ; assez près de la tribune, elle a dû retentir de la voix de Cicéron ; trop près des Gémonies, elle a entendu le cri des victimes et les soupirs de notre noble Vercingetorix : toute la sagesse, toute la gloire et toutes les misères de Rome ont été là. Du reste, le lieu de ses assemblées parait avoir varié avec les fluctuations de la politique ; on le place

aussi, en face, dans la basilique Julia dont il
ne reste que les larges dalles en arrière de la
colonne isolée de Phocas, ou bien au-dessous,
dans les murs noircis qui s'appuient humble
ment au Palatin des Césars : rien n'est plus
controversé. Au fond il importe peu ; mais cette
incertitude des lieux finit par impatienter, et
l'on en veut aux savants de tous ces systèmes
contradictoires qui fatiguent la mémoire, arrê-
tent le souvenir, et émoussent l'intérêt. Mêmes
contestations pour trois colonnes de marbre
blanc dorées par le soleil, et qui se posent au
milieu comme une énigme : le guide les appelle
Græcostasis ; Ampère, temple de Castor et
Pollux ; Bunsen, de Minerve Chalcidica ; trop
de noms nous les laissent anonymes. Cette
Minerve Chalcidica, ou chaussée, était, je
pense, la patronne des cordonniers, comme
Vénus Chauve devait l'être des perruquiers, ou
Vénus Cloacine des récureurs d'égouts. Quoi de
surprenant ? Le panthéisme n'avait-il pas les
bras assez larges pour diviniser le tout ; n'était-
ce pas aussi une partie du Cosmos.

Au bout du Forum, à l'opposé du Capitole,
il y a d'autres ruines accolées à des bâtiments
modernes. On laisse à gauche, en descendant,
un portique caché jusqu'au tiers, et qui sert
de péristyle à une église ; au-dessus on lit, « au

divin Antonin et à la divine Faustine; » puis, en avant d'une autre église, deux colonnes de la Cella ou salle circulaire du temple présumé de Romulus et Rémus; et après, tout au bas, les piliers tronqués et les hautes voûtes béantes de la basilique de Constantin. A droite, la vue s'arrête à un long mur adossé au Palatin et à une entrée assez somptueuse qui mène aux jardins Farnèse : au-dessus des balustrades et des pilastres, on ne soupçonne guère l'emplacement où fût la Rome carrée de Romulus.

L'arc de Titus, type de tous les arcs de triomphe, ferme le Forum au sud-est; c'est une noble sortie. Les Juifs, il y a encore peu de temps, en faisaient religieusement le tour pour ne pas voir les bas-reliefs du triomphe où leur nation a péri. Ces curieux monuments de l'histoire ne sont pas trop bien conservés; les jambes des triomphateurs ont beaucoup souffert.

Au-dessous commence la voie Sacrée avec ses dalles enfoncées, cahotantes, usées au pas des nations. On les suit et on pense, — que de vainqueurs et de générations y ont passé, et aussi les vainqueurs des vainqueurs! — et l'on arrive, en longeant les terrassements du double temple de Vénus et Rome, à ce Colosse ou Colysée qui garde dans sa conque de pierre l'écho du grand Empire détruit.

4.

Je m'y suis arrêté; c'était assez. En revenant sur mes pas j'ai fait un détour pour chercher l'ancien temple des Vestales. Il est presque à l'angle du Palatin, et, comme tout l'ancien Forum, d'une dizaine de pieds environ au-dessous du niveau actuel; l'architecture ne gagne pas à être ainsi envisagée dans des trous; quand donc déblayera-t-on ce sol qui recèle peut-être tant de richesses (1). Le temple de Vesta est un édifice moyen, rond, assez brut, avec une coupole éclairée par le haut; un tout petit Panthéon, moins l'authenticité paraît-il; on a pourtant trouvé, à côté, des tombeaux de Vestales. A présent on y voit un autel et une croix et il s'appelle Saint-Théodore; mais le souvenir des vierges payennes n'y est pas déplacé; c'est un des seuls de l'antiquité que le christianisme honore. Nous avons beaucoup de Vestales aussi, plus utiles que les autres et plus dignes de respect; nous ne leur donnons pas·les premières places aux cirques où combattent des gladiateurs nus; nous ne les faisons pas non plus fouetter quand elles omettent leurs fonctions, ni enterrer vives quand elles manquent à leurs devoirs.

Pour abréger, j'ai gagné le Capitole par la

(1) On l'a fait depuis peu.

rampe escarpée des triomphateurs. Arrivés au sommet, ils gravissaient à genoux les degrés du temple de Jupiter ; c'était d'un bon effet pour le peuple. Les marches y sont encore, ou d'autres à leur place, et dessus est assis un vieux pauvre qui compte sur l'intérêt des curieux : mais il ne reste rien du monument dédié au dieu « très-bon, très-grand, » officiellement parlant ; un convent de Franciscains et l'église de la Vierge d'Ara–Cœli occupent le même endroit (1).

Dimanche, 29.

Suivons l'histoire ; après le Forum de la République, le Palatin des Empereurs, ou plutôt les jardins Farnèse qui appartiennent depuis peu à Napoléon III (2). Les Bourbons de Naples ont dû les vendre pour venir en aide à leurs anciens serviteurs. A la porte un concierge galonné et important a pris nos cartes d'entrée et nous a fait signer ; une reminiscence des errements

(1) Le nouveau gouvernement a pris soin de venger le paganisme en expulsant les Franciscains.
(2) Et actuellement à Victor-Emmanuel.

officiels de chez nous. J'ai demandé à ce portier
des Césars où était leur palais. « Montez l'escalier, après le Casino et le bassin vous y serez
au bout des plates-bandes. » Nous avons
suivi ce chemin un peu moderne, et dépassé
un pavillon de plaisance mieux à Monceau
ou à Bagatelle; un joli jardin très-soigné
le sépare des ruines qu'on voit, et cache
celles qu'on verra. La nature a repris son empire, mais elle a eu honte de son œuvre de
destruction et la couvre d'un vêtement vert et
fleuri. A présent il lui faut reculer de nouveau
pied à pied; on abat les arbustes, on détruit les
massifs, et l'on creuse avec avidité ce sol qui
recèle jusqu'à deux et trois couches de ma-
çonneries successives. Monsieur Rosa dirige
tous les travaux. Cet archéologue dissertait en
italien devant un auditoire attentif; nous nous
sommes approchés, mais je ne comprenais pas.
Ainsi réduit à mon propre savoir, tout à fait
nul à l'endroit du Palatin, j'ai été charmé de
trouver des écriteaux très-prosaïques, mais
très-utiles, et qui indiquent la distribution et
la destination des salles. — Vestibule. — Salle
à manger. — Petit oratoire. Il ne manque qu'un
billard et un fumoir, et une pancarte à la
porte avec — Appartement à louer, sans toiture.
J'exagère; ces fouilles paraissent bien con-

duites; une nuance de goût a seulement échappé.

Pour saisir le plan d'ensemble du Palatin il faut se rendre compte que cette colline ou plutôt ce mamelon carré est divisé actuellement en deux parties distinctes : la plus élevée renferme un couvent impénétrable de la Visitation, assis sur les débris de la maison d'Auguste, et, vers le Colysée, les bâtiments de Domitien et de Septime Sévère; l'autre, celle des jardins Farnèse, garde les vestiges du palais successivement agrandi par Tibère, Caligula et Vespasien; peut-être nous réserve-t-elle d'autres surprises. Voici les principales pièces de ce palais dont il ne reste que les pavements en mosaïque et de petits murs à hauteur d'appui; un atrium; une chapelle des dieux pénates, avec des revêtements de marbre; une salle du trône, la bibliothèque et l'escalier du temple de Jupiter vainqueur. Un peu après, ce sont les souvenirs de l'aimable Caligula que l'on retrouve dans une série de cellules basses où logeait sa garde; il faisait bon l'avoir sous la main. Les soldats d'alors avaient la même manie de gâter que ceux d'aujourd'hui; ils ont couvert leurs murs de dessins grossiers creusés à la pointe, et de profils aux traits accentués avec des noms en *us* au-dessous : des caricatures du temps de Caligula, n'est-ce pas curieux. Tout auprès, on vous désigne sur un gazon l'emplacement de la cabane de Romulus : rien ne peut y intéresser que la vue dont on jouit. En regardant l'Aventin on a au-dessous de soi, et jusqu'aux premières pentes de la colline, l'arène, ne pas dire le turf, du Grand-Cirque : un gazomètre s'est installé où les quatre factions se disputaient le prix ; notre civilisation est sans pitié.

Nous nous sommes arrêtés devant ce vallon défiguré ; puis nous avons traversé les massifs et les plates-bandes pour visiter dans une tranchée, du côté du Forum, de profondes murailles en arcades que l'on ne s'explique guère : il est vrai qu'elles n'ont pas d'écriteaux.

—————

Lundi, 30.

Trève au classique et à l'antiquité : varier est un des plaisirs d'ici.

D'ailleurs on m'a prévenu que c'était la sainte Catherine et qu'en allant à la Minerve je verrais probablement le pape. Le pape, la Minerve, sainte Catherine, cela demandait des explications. Il paraît que ie jour de la sainte Catherine de Sienne, seconde patronne de Rome, le pape se rend au couvent des Dominicains où elle a habité, et tient chapelle papale dans leur église de Sainte-Marie-sur-Minerve, ou par abréviation la Minerve.

Nous nous sommes hâtés. Sur la place stationnaient plusieurs de ces carrosses vénérables et haut pendus qui servent aux cardinaux, et devant le portail, des suisses montaient la garde dans leur belle tenue du moyen âge: haut-de-chausses bariolé, fraise au col et casque empanaché, rien n'y manquait.

L'office commençait comme nous entrions, mais l'officiant n'était pas le Saint-Père.

Cette église de la Minerve me plairait peut-être ailleurs, ici pas; elle est gothique, et le style mystique des climats brumeux ne va plus sous un soleil et une lumière qui inondent au travers des ogives; le contraste d'un cloître où vibrerait une musique de fête. Nous y sommes restés peu, seulement jusqu'au Gloria pour entendre les chants de la chapelle Sixtine. On m'a demandé ce que je pensais de toutes ces voix graves, légères, chevrotantes, aiguës, enfantines, qui se coupent, se croisent, se succèdent et se confondent après dans une harmonie imprévue. « C'est bizarre, bien original. »

Si j'avais été franc, j'aurais dit : « un concert d'anges en goguette. » On n'ose pas exprimer de pareils blasphèmes, on rougit de les penser.

Au milieu de l'affluence, j'ai remarqué trois pèlerins, trois vrais pèlerins avec le manteau à collet et le bourdon dans la main. Pour arriver jusqu'à Rome ils auront bravé la fatigue et le besoin, tandis que j'y suis venu en bateau à vapeur et en wagon capitonné.

Nous avons circulé dans la cour du couvent, sous une colonnade ornée de fresques où nos fantassins se sont permis quelques polissonneries. Ils ont charbonné des pipes à la bouche de plusieurs saints, et affublé de moustaches une sainte Rose ; au-dessous, ils ont écrit :

> Ici repose
> Mademoiselle Rose,
> Priez pour elle,
> Elle était belle.

Voilà bien le soldat français.

Nous nous sommes rendus après au musée chrétien du Latran pour entendre une conférence de M. de Rossi, on pourrait dire une prédication. Nous y étions une trentaine, dont plusieurs prêtres et un évêque, simples auditeurs comme nous. M. de Rossi a expliqué, sur les bas-reliefs tumulaires, le symbolisme caché

des premiers chrétiens et leur paraphrase
sculptée de l'Ecriture. Plusieurs figures que
l'on croirait payennes à première vue, leur ser-
vaient d'allégories, ainsi Orphée qui attire tout
à lui, ou cette tête au voile arrondi, représentant le ciel. Que l'on ne reproche pas à ces
images une sorte de dissimulation; contempo-
raines des martyrs elles n'ont pas été faites aux
catacombes, mais sur les chantiers de Rome;
et peut-être que les artistes qui les ont
sculptées, haïssaient ces chrétiens d'alors, aux-
quels ils préparaient, à leur insu, des tombeaux
et des témoignages.

Pour terminer, M. de Rossi a déchiffré le
cycle pascal de saint Hippolyte, sorte de cale:-
drier aussi savant qu'obscur : certains se don-
naient l'air de comprendre.

———

Mardi, 1er mai.

J'ai paressé, flâné, causé avec ma propriétaire; elle, parlant dans son idiôme; moi, dans
le mien; nous nous regardions comme des gens
qui devinent des charades.

A midi, déjeuner à la « trattoria del Lepre »
l'estimable restaurant où je prends d'ordinaire
mes repas. On y sert une cuisine italienne et
des plats tout à fait inédits, comme de la soupe
au fromage, des œufs dans le fromage; parmesan par ci, parmesan par là. Les « patate
fritte » abondent, les « quaglia » cailles y pleu-
vent, les fruits sont savoureux, les habitués
français, les garçons sourient fréquemment et
l'addition n'attriste pas.

Geloux, mon fidèle Achate, m'a mené à la
petite galerie de saint Luc, qui possède
quelques toiles magistrales. Inutile de les re-
produire; rien n'est sec comme un tableau
sur le papier. Dans le saint Luc peignant la
Vierge, Raphaël a donné à sa Vierge un type
dur, presque maussade : devant un pareil
nom si la critique n'est pas permise, du moins
la louange ne saurait être aveugle.

Nous avons achevé la journée à l'Académie
de France, l'ancienne villa Médicis, au Pincio.
Pour arriver, il faut gravir une cascade de
marches devant la Trinité des Monts. Ce ne
sont pas des œuvres d'art que l'on s'essouffle
à y chercher, mais de belles terrasses plantées
à la française. On s'y promène au milieu de
chênes verts taillés, d'où par échappées on
voit la ville, ses ondulations, le pli du Tibre,

et en arrière, le long des murs, des rangées
de cyprès-pyramides éclairés jusqu'à la fin.

———————

Mercredi 2.

Journée sombre et nuageuse avec des mena-
ces d'orage; un de ces temps qui gênent ailleurs et qui attristent ici. Je n'étais guère
désireux d'aller voir ni d'humeur à admirer, et
j'ai préféré faire bourgeoisement des courses.
J'ai parcouru bon nombre de magasins, surtout ceux de la via Condotti qui sont réputés
pour la bijouterie artistique. On y vend des
mosaïques de pâte montées en broches ou en
épingles, et représentant des palmes, des
colombes, ou d'autres signes chrétiens. On
simule aussi en mosaïque de tout petits Pan-
théons et de tout petits Saint-Pierre; c'est laid
et fragile, je le sais à mes dépens; j'en ai laissé
tomber plusieurs qu'il a fallu payer.

Les bijoutiers d'ici sont des gens singuliers :
vous entrez et vous ne trouvez personne; vous
appelez; ils arrivent étonnés et ne savent où
trouver ce dont vous avez besoin; il faut les
aider à chercher.

J'ai aussi été chez le cardinal Villecourt lui remettre un pli de la nonciature ; il m'a reçu le plus aimablement et le plus naturellement du monde : la pourpre romaine n'exclut pas la simplicité.

Le cardinal habite un palais vieillot d'une certaine apparence. Au haut de l'escalier qui a dû être en marbre (il faudrait laver pour s'en assurer), on entre dans une antichambre où se tient la livrée ; hommes et habits ont beaucoup servi. Le chapeau et les insignes du cardinalat sont déposés au milieu sur une sorte de dressoir. Le salon n'a rien d'élégant ; la bibliothèque seule est bien meublée. Aucun étalage chez ce prince de l'Eglise, mais une représentation obligée et traditionnelle.

Le temps a fait mine de s'arranger. Nous avons gagné le Ghetto qui était d'une saleté et d'une infection rares ; des goûts âcres s'y mêlaient à des parfums de poissons. Ce quartier n'a pas répondu a ce que j'attendais. Il est si réputé qu'il semble que l'on doive y trouver comme une petite cité juive dans l'autre ; tandis qu'a tout prendre il rappelle, ou peu s'en faut, tout ce qui l'environne. Cherchez ailleurs les rues les plus étroites et les bicoques sales, et vous verrez d'autres Ghettos à Rome. Dans les villes du Rhin, surtout à Francfort, la différence marquée des habitations en même temps que celle des habitants donne aux quartiers juifs leur physionomie spéciale : au Ghetto, rien d'analogue : juifs et chrétiens y sont également bruns et hâlés; et s'y l'on s'arrête devant leurs taudis pour regarder quelques débris encastrés, c'est à l'antiquité seule que nous les devons.

Nous nous y sommes trop attardés; de grosses gouttes ont commencé à tomber, puis un déluge en règle. Que faire ? On s'abrite sous un porche; on maugrée, on tend la main pour voir si ça cesse; on hésite; on se risque; et on reçoit l'averse un peu plus loin.

———

Jeudi 3.

Plus un nuage; l'orage n'a laissé que des bouffées d'air frais. J'en ai profité pour aller à Saint-Pierre où je suis resté longtemps : ce n'est pas tout de visiter, il faut se pénétrer.

En marchant sous cette immensité je me demandais si c'était bien l'architecture qui convenait au grand édifice chrétien; si la pensée n'y avait pas été sacrifiée à la forme, et l'impression à l'effet. Et pourtant quel autre style préférer? Quel autre eût donné autant d'élévation, d'ampleur, de magnificence, et cet air de triomphe répandus partout. Ce sont vraiment les caractères de Saint-Pierre. Sous ces voûtes superbes on ne se sent pas religieusement ému, mais chrétiennement enorgueilli; on se redresse plutôt qu'on ne s'incline; on adorerait volontiers le front haut. Et puis le plan et les proportions de la basilique ont aussi leur symbolisme. A l'extérieur, deux longues colonnades s'avancent et s'arrondissent au devant du péristyle ; elles figurent des bras entr'ouverts. Au dedans, il semble que pour exprimer la divinité et l'universalité de la religion, on ait voulu enfermer la coupole la plus sublime dans la plus vaste enceinte qui soit. Ces rapprochements qui se présentent à l'esprit attentif ne s'imposent pas naturellement aux yeux. A Saint-Pierre, où la grandeur matérielle s'apprend, la grandeur morale se raisonne ; on s'y habitue par degrés à ce qui étonnait d'abord ; et le seuil des apôtres ne paraît pas moins sacré pour ressembler à l'entrée d'un palais, ni la chaire de Pierre moins vénérable bien qu'elle soit enfermée dans un monument moderne.

Le sol de marbre de la nef est complètement découvert : rien ne distrait ou n'interrompt le regard; ni chaises, ni bancs, ni ce matériel de nos églises où les assistants sont parqués. Seul, le vieux Saint-Pierre se tient contre un pilier, immuable et bénissant. On lui baise le pied si l'on veut; cela se fait depuis quatorze siècles et sans honte. Ce pied de bronze a fini par s'user et le métal a blanchi; rien n'est plus éloquent.

Plus loin les colonnes torses de la confession s'élèvent sous le grand vide de la coupole. Si l'on est chrétien, c'est là qu'il faut se recueillir, non pas seulement devant un tombeau, mais devant la pierre angulaire, et pour vénérer des restes saints que nous n'adorons pas.

Des étrangers ont passé raides et indifférents; il y a pourtant des respects qui honorent et des convenances qui ne compromettent pas.

Un prêtre en costume a traversé la nef; je l'ai suivi; lui, l'enfant de chœur et moi, nous faisions sous le vaisseau une bien petite procession. Les prêtres italiens disent leur messe autrement que les nôtres : ils ont le geste plus vif et moins automatique et des intonations accentuées; ils ne récitent pas, ils conversent et interpellent par moments; leur oraison moins solennelle est beaucoup plus instante. Un pauvre priait à côté, les bras étendus en croix; un incrédule n'aurait pas voulu rire; je n'ai pas craint d'admirer.

Après une visite au palais Corsini et à ses jardins admirablement penchés, je suis retourné à Saint-Pierre pour l'ostension des grandes reliques. Le chapitre y psalmodiait vêpres auxquelles personne n'assistait : les vêpres à Rome sont comme matines ou laudes, un office réservé au clergé. De bonnes gens, des prêtres, des religieux sont venus à la file; on s'est réuni sous la coupole; on a chanté; puis on a exposé successivement la lance de Longin, le saint Suaire, une partie du bois de la Croix et le chef de saint André. J'étais partagé, comme de juste, entre la vénération et la curiosité; à demi courbé, je renversais en même temps la tête pour essayer de voir; la pose mal commode d'un curieux bossu : je n'ai pas pu distinguer et j'ai dû paraître grotesque. Mais aussi pourquoi cet éloignement qui refroidit malgré soi? Pourquoi montrer si peu et de si loin ces inestimables trésors? Peut-être qu'en voyant le Suaire où se sont imprimés les traits divins, plus d'un les sentirait revivre qui se les croyait effacés.

.

Vendredi 4.

Je voudrais ressusciter un romain, et le transporter d'un coup au bas de l'Ara-Coeli. Il verrait devant lui, sur une colline médiocre, un escalier de marbre doucement incliné; au sommet, des palais d'un goût moderne, des statues, des balustrades qui se découpent sur le ciel; partout les insignes pontificales, l'écusson surmonté de la tiare et des clefs. Si on demandait à ce revenant des vieux jours en quel lieu il se trouve, il lui serait, je crois, malaisé de répondre; et pourtant voilà son Capitole tel qu'il est aujourd'hui. Que les historiens de Rome aient chargé le tableau, je le comprends; qu'ils aient représenté cette motte de terre comme un sommet inexpugnable, c'était leur intérêt; mais à présent nos auteurs sont tenus d'être véridiques, et de convenir que du haut de son potager la Roche-Tarpéienne n'a plus rien d'effrayant ni de vertigineux.

Sur la place, devant le palais du Sénateur moins classique que son nom, un Marc-Aurèle équestre étend la main pour pardonner. A qui? Est-ce aux chrétiens? Il les a aussi persécutés à la fin de sa vie; mais comme il n'a commencé qu'à la fin, il a mérité de passer pour bon : tout est relatif.

A droite, à gauche, sont des musées fort curieux, la plupart d'antiquités. On s'inquiète peu d'antiquités à Paris, et c'est un tort; nous y avons des richesses que nous ne soupçonnons pas : à Rome, au contraire, on devient vite zélé à les connaître et ardent à les chercher. Je ne cataloguerai pas celles que j'ai vues; le guide me suffit. Et puis, on met si vite au crayon les jugements de prime-saut qui vous viennent; un trait, une croix, un point d'exclamation qui traduit le plaisir, et vous êtes fixé pour longtemps. J'ai souligné l'ancien plan de Rome, les colombes de mosaïque qui boivent, et ce gladiateur ou plutôt ce gaulois mourant dont la douleur nous intéresse doublement. Une statue colossale d'Auguste rappelle le mot de l'acteur romain « c'est pour notre malheur que tu es grand. »

— « Ricevimento » le soir chez l'ambassadeur d'Espagne. Le ricevimento est une réception de gala que les nouveaux cardinaux et les nouveaux ambassadeurs ont coutume d'offrir au public. Entre à peu près qui veut, pourvu que l'on soit en tenue. Le coup d'œil des appartements ne manquait pas d'originalité : on y voyait toute sorte de monde, des prélats, des diplomates chamarrés, beaucoup d'abbés tout unis, plusieurs princesses enchâssées dans leurs pierreries, les uniformes rouges des chevaliers de Saint-Grégoire, et bon nombre de curieux problématiques: somme toute un défilé un peu froid. Que nous étions loin du Capitole !

———

Samedi 5.

En rentrant, j'ai trouvé Thomas et de La Sierra fraîchement débarqués; une bonne surprise car je ne les attendais pas encore. La Sierra n'est pas gai; il a le pas incertain d'un homme à bord, et qui s'est trop penché, pour cause, sur le sein d'Amphitrite. Thomas est plus gaillard ; rien ne l'a ému, ni le roulis, ni l'approche de Rome, et tout en maudissant la cuisine italienne il en mange à belles dents. Braves camarades : je ne connais pour eux qu'une définition; l'un est le meilleur et l'autre aussi.

La fringale apaisée, je les installe à côté de moi dans une chambre spacieuse. Ils déballent leurs modes, disposent leurs bibelots, partagent les tiroirs, stipulent sur les toilettes, et laissent, en terrain neutre, un canapé fatigué. On s'y étend pour faire la sieste et l'on cause un peu vaguement, puis on devient distrait, on répond à côté, on s'absorbe, et insensiblement on franchit la limite mystérieuse où l'âme, captive envahissante, est refoulée dans sa prison.

« Sursum; vous n'êtes pas à Rome pour dormir. » La Sierra proteste, quoiqu'en silence, et Thomas opine du bonnet; enfin, après un long combat où l'homme-bête est vaincu, l'homme-raison emmène l'autre qui n'y tient pas du tout.

Comme nous cheminions vers Saint-Pierre, Geloux, esprit subtil, demande à un marchand si le Pape n'aurait pas passé; « oui, à l'instant; dépêchez-vous, vous le croiserez plus loin. » Alors, adieu le décorum; nous voilà poussant à travers les rues une course fantastique, au scandale des Romains qui nous suivent des yeux. Nous arrivons haletants; nous renouvelons la question. « Oui, oui, il a passé; à l'instant, messieurs, à l'instant. » Nous n'avons pas recommencé.

Un peu de calme avant d'entrer dans Saint-Pierre. J'y guettais aux figures les sentiments de mes deux néophytes; mais rien n'a paru. Devant la façade, Thomas s'est étonné, et à bon droit, que les mots *Paulus Burghesius Romanus* y occupassent le centre du frontispice, au lieu d'une dédicace plus chrétienne. Qu'importe, en effet, quand on arrive à Saint-Pierre, que ce soit le pape Paul ou un autre qui ait contribué à l'élever, qu'il ait eu nom Borghèse, qu'il fut de Rome ou d'ailleurs : on cherche en haut une pensée religieuse, et on se heurte à une vanité, même plus à une injustice, car ce n'est pas lui, mais les Jules II et les Paul III qui mériteraient d'être nommés; Paul V a seulement terminé leur œuvre, et assez malhabilement je trouve. Que l'on rende donc à chacun ce qui lui appartient; ou plutôt que tous s'effacent devant Dieu, et qu'il reprenne au front du premier temple de l'univers la place qu'un nom de famille a orgueilleusement usurpée.

A l'intérieur nous avons visité les tombeaux, tapé sur des anges pudiques vêtus de chemises en fer blanc, puis cherché au Vatican les Loges de Raphaël. Ces capricieux médaillons ne dureront pas; beaucoup sont déjà altérés et fanés comme un parterre qui s'effeuille.

. A la hauteur du pont Saint-Ange les gardes nobles de l'escorte ont traversé en galopant. Des femmes criaient « la benedizione, la benedizione; » le Saint-Père les a entendues et a mis

un instant la tête à la portière ; je l'ai entrevu ;
son visage m'a paru soucieux. La tiare n'est-
elle pas la plus haute mais la plus lourde
couronne.

Dimanche 6.

Bonne et joyeuse journée qu'on voudrait re-
commencer.

Le chemin de Rome à Tivoli n'est pourtant
pas plaisant ; le terrain s'y creuse en plis hou-
leux, et les lignes d'aqueducs n'interrompent
plus, comme à la Voie-Sacrée, les grands pâturages mornes.

Nous roulions tous les cinq, riant de tout et
chantant à tue-tête ; il faut profiter, on n'est
jeune qu'une fois.

Après un long trajet, la voiture s'est arrêtée
au canal de la Solfatare, ruisseau blanchâtre
où les Romains guérissaient leurs maux. Auguste s'y est baigné, et probablement d'autres
divins empereurs affligés, dit Suétone, de ma-
ladies cutanées. Nous y avons aspiré conscien-
cieusement une odeur de soufre fétide.

Au-delà de l'Anio et du tombeau massif de
Plautia la végétation et la vie reprennent aux.

premiers flancs de l'Apennin. On les gravit au milieu d'oliviers. Ces hardis centenaires ont vraiment quelque chose d'humain : leur structure musculaire les cambre parfois comme des torses d'athlètes, ou bien ce sont des vieillards qui raidissent leurs os décharnés. Mes amis ne comprennent pas l'olivier; je le défends; j'aime son feuillage pâle et changeant, un peu terne mais délicatement harmonieux, et ses formes capricieuses, toujours variées et jamais banales. Geloux lui préfère le saule français; je ne m'en étonne pas puisqu'il habite le val de la Loire.

Tout en causant de paysages qui nous transportaient loin, nous arrivions à Tivoli au milieu d'un tumulte de gens. Il y avait tombola, et l'on paraissait affairé. Des mendiants qui convoitaient nos baioques nous ont harcelés de ruelle en ruelle jusqu'à la porte de l'auberge : il a fallu les écarter, puis traverser une cour malpropre et une cuisine ruisselante de friture pour trouver, au fond, le petit temple rond de la Sibylle et sa vue soudaine et béante sur les gouffres de l'Anio.

Nouveaux prêtres Saliens nous avons déjeuné sous les colonnes hâlées de ce joli sanctuaire; leur repas eût été meilleur, mais assurément pas plus gai. Le vin blanc sucré que

l'on sert dans des bouteilles empaillées et
ventrues a dû réjouir plus d'un Caton.

L'indispensable Geloux s'est fait notre cicé-
rone ; il nous a promenés au fond du ravin,
dans les cavernes encore retentissantes, mais
plus faiblement qu'autrefois, car une bonne
partie des eaux de l'Anio a cessé d'y couler.
Pour les retrouver il faut monter sur la côte
opposée, et après avoir dépassé de vieux débris, s'arrêter à un émissaire creusé depuis
peu dans la montagne, et d'où la rivière sort
avec une force impétueuse. A peine libre elle
se précipite en cascades. De là, nous avons
contourné la vallée où les contemporains d'Auguste habitaient de somptueuses villas. Où
les chercher? Celle de l'infortuné Varus n'a
laissé qu'un nom à une chapelle de la Madone.
Celle dite de Mécène est remplacée par une
usine ; un torrent s'en échappe au travers de
grandes arcades et forme des cascatelles pittoresques. Les autres, on les ignore. Ainsi tout
a changé, les œuvres des hommes, même celles
de la nature, et l'Anio s'est détourné en em-
portant beaucoup de souvenirs. Un seul sub-
siste intact et ne s'effacera pas, celui du poëte
aux odes faciles et à l'humeur enjouée. Com-
mensal des grands à Tivoli comme à Rome,
amateur de bonne chère et de bons vins, Ho-

race payait l'hospitalité en monnaie scandée ;
mais sa louange habile et ses propos cyniques
après boire ne sont pas, du moins je trouve,
son meilleur titre à l'immortalité. Le courtisan
viveur, devenu petit propriétaire aux environs
de Tibur, a trouvé dans son goût pour la campagne une source de plaisirs vrais et d'émo-
tions sincères ; et l'on dirait que dans la haute
Sabine, loin de Rome et de l'air vicié de la
plaine, son génie s'est élevé, et que son vers
est devenu plus honnète et plus sain.

La calèche attelée, nous avons quitté Tivoli
et gagné la villa d'Este. Une noce de paysans
y entrait en mème temps. L'épouse, brunette
assez jolie, avait la tète enrubanée et des épingles à chaînettes d'argent à travers les cheveux ; ces épingles longues et effilées pourraient
au besoin servir de stylets : avis au mari.

Les bàtiments de cette villa n'ont rien qui
mérite mémoire ; ni style, ni aucun attrait :
on ne les regarde que parce qu'on les voit. Un
escalier int rieur conduit à de hautes terrasses
et à des allées régulières plantées de cyprès.
On vous y montre quelques mesquineries dans
le goût italien ; il faut passer. Au bout de ces
couloirs de verdure alignée, la vue s'ouvre sur
la monotone étendue de la campagne romaine
je ne sais pas d'horizon aussi mélancolique.

Les jardins du cardinal d'Este, où le Tasse récitait sa Jérusalem, sont à présent silencieux et déserts; l'eau dort dans les bassins de marbre; la mousse s'attache aux bancs délaissés. Là, tout est resté ; mais les hommes et le siècle sont loin.

Pour terminer, nous avons visité au pied de la montagne l'ancienne villa d'Adrien, philosophe cruel et voyageur pédant.

Au milieu de bois, de prés, d'arbres épars, on se promène dans de grandes ruines qui ont des désignations sonores, le Pœcile, l'Académie, la salle des Philosophes, etc. Les noms ne font rien à ces fac-simile sans histoire; mais ce qui charme, ce qu'on ne se lasse pas d'admirer, c'est l'incomparable végétation des ruines, les voûtes effondrées sous les lianes, les pans de murs empanachés et fleuris, les brèches que les arbustes emplissent, et toute une vie exubérante qui s'étale et envahit.

Quel parc si l'on voulait, et que de richesses enfouies.

Un chemin de traverse embaumé de chèvrefeuilles nous a ramenés à la voie Tiburtine : nous y avons trouvé le crépuscule frais, puis la nuit. Les lucioles scintillaient dans l'ombre. Nous ne parlions plus : nous roulions enveloppés. Quand la toile du jour tombe et que le spectacle cesse, il y a une heure finale, qui ne la connaît, où invinciblement il faut rentrer en soi : on repasse ; on se rappelle ; on revoit : heureux si, dans ce soliloque du soir, tout vous est quiétude et paix.

———

Lundi 7.

Je recommence Rome avec Thomas et La Sierra : le matin nous y suivrons l'itinéraire du guide ; l'après-midi nous irons aux villas, aux musées, là où il nous plaira. Les jours se pressent : hâtons-nous et notons vite.

La porte du Peuple, d'où nous partons, est une entrée monumentale, un écusson papal la surmonte ; ici l'on écussonne volontiers en manière d'inscription. Sainte-Marie-du-Peuple occupe, à côté, l'emplacement de la sépulture de Néron ; « l'exécrable superstition » de Tacite y a vaincu le persécuteur.

Dans l'église, beaucoup à voir ; non pas tout à admirer ; par exemple un tombeau où la mort pose en actrice. En sortant, nous croisons des *saccomi* pieds-nus qui nous regardent par les trous de leurs capuchons ; leur costume saisit; mais qui n'admirerait cet abaissement volontaire et ce déguisement pour faire la charité.

Trois rues convergent au spacieux ovale de la place du Peuple, celle du Corso tient le milieu. Nous y cherchons des antiques dans une cour où les cochers lavent et pansent; nous montons avec aplomb chez un particulier pour voir son escalier; et nous visitons à la file nombre d'églises qui se ressemblent, des Sainte-Marie, Saint-Charles, Saint-Ignace, etc. La plupart sont bâties dans le style du dix-septième siècle, tels que chez nous Saint-Paul au Marais ou Saint-Louis de Versailles; mêmes portails, dômes ou campaniles; à l'intérieur, des arcades en plein-cintre, des tribunes, des coupoles à pendentifs, de larges ouvertures : le genre luxueux, décoratif, et parfois surabondant du Bernin. Ce goût d'ornementation poussé à l'excès va jusqu'à déparer : telle chapelle, où tout est stuc, dorure et clinquant, s'alourdit d'une fausse opulence à laquelle je préfère l'éloquente nudité de Saint-Sébastien ou de Saint-Laurent. A quoi bon en disputer, du reste, puisque les Italiens paraissent goûter cet éclat pompeux. Leur clergé, d'ailleurs, ne le recherche pas pour lui, et les offices se font avec un air de naturel qui plaît.

Au bout du Corso, le petit Saint-Paul-in-via-Lata est bâti sur l'hôtellerie où l'apôtre fut enfermé deux ans; ces mêmes murailles de la crypte ont entendu la voix du grand convertisseur.

— Plusieurs heures passées et comme abîmées dans la religieuse obscurité des catacombes de Saint-Calixte. Cent soixante-quinze mille martyrs y ont été ensevelis; des générations chrétiennes y ont vécu. Que l'on se sent chétif à côté de ces temps et de ces hommes!

———

Mardi 8.

Retourné au Forum et au Colysée, vu les restes de la borne autrefois « suante » où les gladiateurs étanchaient leur soif ou leur sang, et cherché le piédestal du colosse de Néron. L'apothéose du vampire impérial est rasée à plat, tandis que l'arc de Constantin nous reste. On lit sur ses faces. — « Au libérateur de Rome. » — « Au fondateur de la paix. » — « Au prince inspiré de la divinité; » c'est l'aurore du triomphe.

Au-delà, par les voies désertes et montantes

du Cœlius, nous allons à quelques églises isolées ; à Saint-Grégoire, vis-à-vis l'arrière flanc
du Palatin, à Saint-Jean-et-Paul bâti sur les
citernes et les cavernes à bêtes du Colysée, à
un ancien temple, devenu Saint-Etienne-le-
Rond, plein d'affreux tableaux qui détaillent
différents genres de martyres ; ces supplices
raffinés font mal.

Plus consolant est l'aspect de Saint-Clément
où les années de paix revivent dans une calme
simplicité. Une petite cour entourée de por-
tiques précède et prépare l'entrée ; on s'isolait
encore du passant, on y arrêtait les catéchu-
mènes. La nef basse s'appuie à des colonnes
d'une coupe sobre ; les jours sont ménagés.
Tout est resté dans l'ancien état ; l'avant-chœur
ou « sol » des clercs, les deux ambons, le can-
délabre de marqueterie marbrée, les siéges
du pontife et des prêtres, et la mosaïque allé-
gorique qui tourne dans l'abside. J'aime ces
vieilles mosaïques aux visages impassibles et
surhumains. Ne croirait-on pas des ressus-
cités ? Cette église du IXe siècle serait elle-
même moderne à côté de l'ancien Saint-Clé-
ment devenu la crypte de l'autre. On y descend muni de torches, et l'on suit sur des
parois, récemment découvertes, de fort anciennes peintures dont l'une représente la

célébration de la messe. La posture de l'officiant, son vêtement et les vases sacrés de l'autel n'ont pas changé; il y a là plus qu'une curiosité, il y a un enseignement.

— La journée s'achève aux pentes de l'Aventin, dans l'admirable couvent des dominicains de Sainte-Sabine; lieu cher; lieu fécond; où l'oranger planté par saint Dominique a poussé, depuis le P. Lacordaire, un si vigoureux rejeton.

Mercredi 9.

A la basilique, au palais, et au baptistère du Latran.

Pourquoi Saint-Jean de Latran, cette église qui symbolise en quelque sorte l'Eglise, par les images des prophètes, les sujets parallèles tirés des deux Testaments, et les douze statues d'apôtres accolées aux douze piliers, a-t-elle perdu son premier nom de basilique du Sauveur? Quel autre pourrait expliquer et embrasser cette synthèse? Il y a d'ailleurs plusieurs Saint-Jean à Rome, tandis que son Maître n'y est nommé qu'au *Jesù* et à la très humble et très petite chapelle du *Domine quo* *radis.*Si j'avais voix au chapitre, je revendiquerais hautement l'ancien vocable.

Le vrai Saint-Jean est le baptistère octogonal où s'est accompli l'un des événements les plus mémorables de l'histoire : Constantin baptisé, et le christianisme sur le trône de Néron et de Dioclétien après trois siècles de luttes ou de persécutions. Mais comme ces grands souvenirs s'éteignent, lorsqu'on arrive en face devant la *scala sancta*, l'escalier du prétoire que l'Homme-Dieu a dû gravir trois fois pendant le cours de sa Passion. Sur ces degrés saints la pensée se traduit naturellement en prière, et le respect vous fait monter à genoux.

————————

Jeudi 10 (l'Ascension).

Venus tous ensemble à Saint-Jean de Latran, nous y avons assisté à l'office pontifical. Beaucoup de monde occupait les abords et la nef, surtout des gens de la campagne à l'attitude noble, presque sculpturale : au milieu de tant de têtes on n'apercevait que par trouées ce qui se passait au maître-autel. La messe terminée, le pape porté sur la *sedia* s'est rendu à la grande loge, d'où il a béni d'une voix distincte la foule et les troupes massées sur la place au-dessous de lui. On présentait les armes, on battait aux champs, on criait de toutes parts — « Vive le pape. » — « Vive le pape-roi » : c'était imposant.

— Sous l'impression de cette cérémonie du matin, nous avons vu à Saint-Pierre-in-Vincoli les chaînes qui ont lié le premier de nos papes. Si, de nos jours, la révolution en préparait d'autres à l'un de ses successeurs, peut-être que, Dieu aidant, elles tomberaient aussi d'elles-mêmes.

Vendredi 11.

Le palais du Quirinal est interminablement monotone. Ses appartements se succèdent uniformément froids et vides, et, n'étaient-ce quelques toiles de maîtres, on les traverserait sans s'arrêter. Les jardins, coupés de terrasses, ménagent une série de surprises dans le goût italien. Vous descendez une marche, un jet d'eau part dans les jambes ; vous passez sur des dalles, d'autres jets vous arrosent ;

6

vous vous réfugiez dans une grotte, il vous en arrive à droite, à gauche, devant, dessus : on lève les pieds, on se ramasse, et finalement on demande grâce et l'on s'en va tout mouillé.

— Nous nous sommes pavanés plus tard sur les pelouses de la villa Pamphili. Des cavaliers et d'élégantes toilettes sillonnaient le parc sous les dômes des grands pins parasols; les enfants jouaient; les promeneurs se saluaient de la main. Un chaud soleil versait son effluve sur ces joyeux tableaux.

En 1849, pendant le siége de Rome, nos troupes étaient campées dans cette villa, d'où elles dirigeaient leur feu contre la porte Saint-Pancrace. L'épée de la France servait alors nos traditions et nos intérêts; depuis elle sert à l'aveugle, et un peu trop partout.

Samedi 12.

Visite à deux couvents, l'un de chartreux (1), encastré dans l'ossature puissante des Thermes de Dioclétien, l'autre de capucins qui inspire

(1) Aujourd'hui un ministère.

de bien graves pensées. Dans des caveaux bas, disposés en chapelles, on ensevelit les frères défunts sous quelques pieds de terre apportée de Jérusalem. Ils y demeurent plusieurs années jusqu'à ce que le premier travail de la décomposition soit passé; puis il faut faire place à d'autres, car ce sol leur est prêté pour un temps : on sort ces squelettes récents, on les agenouille le long des murs, et on les revêt une seconde fois de la bure monastique; dans leurs yeux caves, sous leur peau desséchée on voit le travail de la mort, on la sent : puis, lorsque la charpente s'altère et tombe et que les os se disjoignent, ces restes séparés prient encore, et servent de croix et d'ornements sur les parois de la chapelle. C'est sublime ou atroce selon la tendance de l'esprit. Le frère qui nous conduisait, nous montrant un de ces corps dans une niche; « c'était un de mes amis, il est mort en 1857, je le reconnais bien; » en effet on voyait encore ses traits et sa barbe noire de capucin : j'allais m'approcher, il y a quelque chose de fascinant dans l'étrangeté de ce spectacle; il fallait passer sur une éminence où la terre était fraîchement remuée; j'hésitais; le frère me fit le geste d'avancer; on voyait que les morts étaient ses familiers, et qu'il ne les craignait pas.

— Un peu de distraction à la villa Borghèse.
Pourquoi, le long des allées de ce beau do-
maine, ces bicoques qui ont la prétention
d'être grecques ou égyptiennes? On s'étonne
de trouver de pareils pastiches chez des Borghèse, à côté d'une collection d'antiques
comme celle de leur Casino.

De là aux ruines de la Maison-Dorée de Néron, enfouies sous d'autres ruines des Thermes
de Titus; autant d'épaves accumulées. Un
guide vous y promène dans de hautes salles,
la plupart sombres et sans issues, et avec son
falot il éclaire des plafonds cintrés où des pans
de fresques tiennent encore. Nul doute que Raphaël ne se soit inspiré de leurs médaillons et
de leurs rinceaux pour décorer ses Loges. Qui
le lui reprocherait?

De même que la mémoire des martyrs est
inséparable du Colysée, de même l'ombre de
Néron semble attachée aux antres de son ancien palais. On s'était hâté de les combler
pour ensevelir aussi le règne; mais l'histoire
impitoyable a tout révélé; et, après une longue
série de forfaits, elle nous a du moins soulagés
par le récit de la dernière nuit du monstre, de
son isolement, de sa fuite, de ses terreurs et
de sa fin demi-tragique et demi-burlesque.
« Quel artiste le monde va perdre » s'écria-t-il

en mourant; en effet, un étrange et rare his-
trion!

——————

Dimanche 13.

Suivons la voie douloureuse de nos apôtres.

Jetés tous deux dans la prison Mamertine,
cette cave encore sinistre, noire et froide, avec
des sueurs d'agonie, ils en furent tirés pour
être menés au supplice. On leur fit traverser
des quartiers pauvres où demeuraient alors
les chrétiens; puis, au delà de la double porte
d'Ostie, ils dûrent se séparer au lieu marqué
par la chapelle de l'Adieu. Pierre, ramené sur
ses pas, fut crucifié au Janicule, tandis que
Paul continuait jusqu'aux Eaux Salviennes où
il fut décapité : sa tête spacieuse rebondit
trois fois. Sans doute on n'est pas tenu d'ajou-
ter foi à cette tradition, non plus qu'à celle de
l'itinéraire; l'essentiel étant de croire tout ce
que les Apôtres ont cru : il faut pourtant convenir qu'en s'attachant ainsi pas à pas à leurs
traces, on se sent uni à eux par un nouveau
lien particulier plus étroit.

Notre matinée s'est passée sur cette même
voie d'Ostie, d'abord à la basilique réédifiée de

· 6.

Saint-Paul toute luisante de marbres, puis, à un mille au delà, aux églises solitaires des Eaux Salviennes.

De retour à Rome, et munis d'une permission spéciale, nous avons obtenu de vénérer les reliques authentiques que sainte Hélène, mère de Constantin, a rapportées de la Palestine, et qui ont été conservées depuis dans le trésor de Sainte-Croix-en-Jérusalem. Les principales sont une portion du bois de la croix, un des clous, deux épines et la planchette usée du titre de la croix. Une partie de l'inscription tracée à la hâte dans les trois langues est restée visible ; j'ai parfaitement distingué les lettres écrites de droite à gauche du mot NAZAR(enus). A la vue de ces instruments sacrés de notre rédemption quel cœur ne se sentirait impressionné !

J'aurais volontiers renoncé après au tombeau hypothétique des Scipions et aux columbaires d'Hylas et de Sextus Pompée. Rien de ridicule comme ces columbaires avec leurs petites niches funéraires, et leurs compartiments à couvercles où l'on déposait les cendres : tous ces casiers étiquetés font songer à la boutique d'un droguiste de province. — Pour finir, les derniers rayons nous ont empourpré l'énorme carcasse des Thermes de

Caracalla, ses pavés de mosaïque mêlés d'acanthes, et, sur le faîte des voûtes et des piliers géants, toute une floraison d'arbustes suspendus.

De là-haut, dans cet air diaphane, la vue et la pensée vont aux derniers lointains.

———

Lundi 14.

Sortis de bon matin, à l'heure où l'on crie les cailles « *quaglia, quaglia,* » où les chèvres blanches au poil soyeux s'établissent sur les trottoirs, nous avons circulé dans les quartiers inférieurs qui vont du pont Saint-Ange, vis-à-vis la masse fortifiée du mausolée d'Adrien, jusqu'au Vélabre et au grand Cloaque. Dans ce labyrinthe de rues qu'il est malaisé de reconnaître, on cherche, on tourne, on s'égare, et, à force de se perdre, on finit par se retrouver. Je n'ai pas fait grâce à mes compagnons d'une seule église; ils étaient résignés. D'ailleurs elles ont toutes de quoi dédommager, sinon par l'architecture, au moins par un tableau, une statue, quelque souvenir précieux. Quand vous en approchez, les mendiants qui stationnent aux portes s'attachent à vous d'une façon importune : parmi ces déguenillés, des enfants vous sollicitent avec de jolis sourires et des regards veloutés si pressants qu'il n'y a guère moyen de résister.

La place Navone peut servir de point de repère. Elle a conservé la forme oblongue du cirque qu'elle remplace, et, au centre, elle se creuse en manière de vasque. Son obélisque et ses fontaines, montées sur rocaille, rappellent la définition plaisante de Mme de Girardin, un surtout de dessert. Comme on y vient de partout et qu'on y vend de tout, l'ensemble, au demeurant, est original et pittoresque.

Plus loin, nouveau dédale, au milieu duquel il faut chercher des monuments qui paraissent égarés; l'un d'eux le palais Farnèse, de rude structure et barreaudé dans le bas, tandis que les étages supérieurs sont noblement parés; on dirait d'un habit de cérémonie passé sur une armure.

Enfin, dans le Ghetto, et près des bords du Tibre, l'antiquité nous a laissé de beaux modèles, bien dégradés et avilis à présent. Que reste-t-il du théâtre de Pompée? De celui de Marcellus qui sert à des échoppes? Du délicat portique d'Octavie où se tient le marché aux poissons? Je me plais à la couleur locale, mais pas au détriment de ces survivants de l'art et de l'histoire romaine.

— L'après-midi, une promenade fantaisiste au jardin botanique nous a fait retrouver nos jambes et notre gaité de vingt ans : on ne les perd que trop vite.

——— ———

Mardi 15.

Messe à la chapelle souterraine de Saint-Pierre. Dans cette crypte, devant ce tombeau de l'apôtre, au milieu d'une assistance fervente, on se sentait bien au centre même du grand foyer religieux.

Les galeries de sculpture du Vatican nous ont retenus longtemps. Dieux ou simili-dieux, visages d'empereurs où l'on cherche à lire, torses drapés d'orateurs et de consuls se succèdent à la file en envoyant des bouffées classiques. Puis viennent des salles pleines de tombeaux, d'inscriptions, de bustes, groupes, bas-reliefs et fragments de tout genre ; d'autres avec des animaux saisissants de vérité et de vie ; et enfin, à l'extrémité, la rotonde du Belvédère qui tient comme en réserve la fleur de toute la collection. On s'établit devant chacune des cinq statues isolées et mises en valeur sur un fond sourd ; on étudie à loisir ; et si l'on peut, on se fait un jugement personnel ; ce n'est pas aussi aisé qu'on croirait.

Un effort pour revoir le musée de peinture, à la hâte, et seulement dans le but de grouper les chefs-d'œuvres. L'inimitable *Transfiguration* tient et gardera, sans conteste, le premier rang. Mais s'il ne s'agissait que du sentiment religieux dans un tableau religieux, je préférerais, je l'avoue, même à la grande manière de Raphaël, l'archaïsme tendre du Pérugin ou la suavité de Fra Angelico.

— Nous nous sommes fait mener ensuite à la villa Albani ; elle a l'aspect d'une demeure quittée, une vue triste, assez circonscrite. Je n'ai guère regardé sa collection ; le même plaisir répété lasse vite et rend distrait.

Revenus à Rome pour la belle heure du Pincio, nous y avons rencontré et salué le roi de Naples qui se promenait à pied ; il en a paru surpris ; il faut pourtant manifester ce qu'on pense.

Mercredi 16.

Un dernier quartier restait à connaître, celui du Transtevère, le plus pittoresque peut-être et le plus attachant. Nous l'avons parcouru depuis l'île du Tibre dans son étroite longueur, resserré qu'il est entre le fleuve et le versant rapide du Janicule. Sa population, réputée la plus romaine de Rome, a en effet certain air mâle et fier de la grandeur native; quoique du peuple il ne semble pas qu'elle en partage les instincts; elle ne se livre ni de la voix ni du geste, au moins devant l'étranger, et le regarde passer dans une attitude d'immobilité hautaine. Cette race conserve des beautés antiques de proportion et de traits qui la distinguent de nos générations vulgarisées.

La très-ancienne église de Sainte-Marie du Transtévère doit son origine à la concession d'une taverne faite aux chrétiens par l'empereur Alexandre. « Je préfère, disait-il, que la divinité y soit honorée, n'importe comment, plutôt que de la livrer à des cabaretiers. » Ces sentiments d'un payen le feraient maintenant passer pour un clérical.

Que de marches à monter jusqu'à la boule

qui domine tout Saint-Pierre! On les compte pour tromper la fatigue, on oublie l'addition, et en haut, avant de regarder, on s'inscrit au registre : somme toute une ascension obligée, accompagnée de remarques banales sur les infiniments petits. Le nom de Monsieur le comte de Chambord est inscrit sur un des marbres le long de l'escalier; celui-ci, seul, depuis trente-six ans, n'aura pas été pour lui le dur escalier de l'exil. Quel exilé fut jamais plus noble, plus digne, plus grand.

Nous nous sommes reposés dans les jardins retirés du Vatican, puis sous la colonnade, où des enfants de chœur en soutane prenaient joyeusement leurs ébats; de jolies miniatures d'abbés.

—Dans la soirée, nouvelle course au Janicule, par une ruelle raide qui mène à Sant'Onofrio. Les religieux de ce couvent montrent le tombeau du Tasse, et, dans la chambre où il est venu mourir, un masque moulé sur son visage incertain. Sa fin si chrétienne, ce lieu solitaire posé au-dessus de la ville ajoutent un dernier chant au poème de cette existence troublée.

Voici déjà la fin de notre heureux séjour.

En revenant de Naples nous ne ferons guère
que passer. Ce départ me coûte. Quand on
connaît Rome, son unique et mystérieux attrait, comment la quitter sans regret, sans un
vif espoir de retour . . . .

. . . .

. . . .

A VIENNE

Il est malaisé de quitter un endroit où l'on se plait, où l'on est reçu le mieux du monde, où l'on retrouve parents et amis, où la vie est douce et facile. De pareilles étapes sont rares. « Alors, pourquoi partir? Pourquoi voyager? » C'est là l'aimable refrain. — Pourquoi? — Parce que les années nous pressent, et qu'il faut profiter.

J'ai dit adieu à ce beau et gai château d'Ortenberg et à ses chers habitants, et me suis installé dans le train qui va d'Offenbourg à Constance, par la Forêt-Noire. Deux ou trois Badois se sont placés près de moi, gens pansus, qui fumaient de mauvais cigares, causaient bruyamment, et paraissaient moins préoccupés de la vue que de la bière et de la vendange. Cette vallée de la Kinzig a pourtant de l'attrait. D'abord un peu large, elle se rétrécit insensiblement; se contourne; se bifurque; s'égare; et de vallée en vallon, puis en col et en défilé, elle vous mène des plus riants paysages à des sommets tristes et sévères : un poëte y trouverait l'image de la vie.

Quand on a bien monté, monté, on ne redescend plus, de même qu'après Saverne au bout des tunnels. Là haut, on trouve un plateau froid, monotone, absolument maussade. De quel côté vont les flaques ? Elles n'en savent rien, se tiennent immobiles et stagnantes, comme résignées à geler bientôt. Des terres nettoyées allongent leurs sillons jusqu'aux bois. Personne dans les champs. Peu de monde aux stations.

De ce haut plateau de la Souabe deux races sont sorties qui ont troublé leurs siècles. Avec des analogies de noms, les Frédéric de Hohenstauffen et les Frédéric de Hohenzollern se meuvent parallèlement dans l'histoire. Leurs rancunes paraissent les mêmes. Auront-elles mêmes destinées? Le secret de la Providence.

Donaueschingen vaut une mention pour les deux carafons de zinc qui lui servent de clochers, et, le long de sa promenade, un cours d'eau étroit qui est déjà le Danube.

Plus loin, à Singen, on commence à redescendre vers Constance.

Le soir venait. — Au delà de cette première partie du lac appelée Zeller-See, je suivais un contour de collines qui se découpait sur la pâleur du ciel. Un officier allemand regardait du même côté. Au milieu d'arbres, nous vîmes

la façade blanche d'une maison de campagne.
« C'est Arenenberg, » me dit-il. Son attitude, sa
voix étaient recueillies. Il s'étonnait sans doute
aussi devant ce grand changement de fortune;
et l'instabilité des choses.

A Constance, l'hôtel des Bains a fait faillite;
les conducteurs d'omnibus se sont empressés de
me l'apprendre; j'ai donc choisi l'hôtel de l'Ile.

Cet ancien couvent de benédictines garde,
malgré sa transformation, un arrière parfum
monastique. Les cloitres servent de corridors;
les cellules, de chambres: la nef de la chapelle, de salle de repas et de fêtes. On l'a
repeinte à nouveau, mais en ménageant une
fresque qui représente le Christ entouré de
plusieurs saints. J'aurais préféré un dernier
vandalisme, ou le transport de ces images
dans un lieu moins profané.

Constance m'a paru une jolie ville paisible,
qui se tient contente de voir couler son Rhin
et clapoter son lac. Sa cathédrale gothique est
déparée, à l'intérieur, par toutes les minau-
deries du rococo allemand. Heureusement les
anciennes portes de chéne sont restées, si

fouillées et si curieuses, qu'on peut y apprendre l'art et le costume du quinzième siècle.

Dans le vieux bâtiment de la douane, on vous montre, au premier, la grande salle basse, à poutres d'appuis et à solives, où s'est réuni le Concile de Constance. Là, en un temps de confusion et d'épreuve, l'Eglise a poussé un grand effort qui nous a rendu l'unité, sinon l'union. Peut-être que le bûcher de Jean Huss a détourné ce dernier bienfait. Les pères du Concile avaient mission de juger la doctrine ; mais n'était-ce pas au pouvoir séculier à punir le doctrinaire. Par son arrestation illégale et son supplice cruel, on a réussi à faire d'un provocateur une victime, et d'un révolutionnaire, un intéressant martyr. Cette réhabilitation s'exhibe sur une série de panneaux badigeonnés, avec plus de fiel que d'huile, par le gâcheux auquel on a livré la salle.

* * *

C'est chose charmante de traverser ce beau lac par une matinée d'automne ! De molles vapeurs languissent encore, les bords s'effacent, tout flotte indécis. Puis le soleil fait sa trouée, et vous ouvre le fier panorama des glaciers et des montagnes du Vorarlberg. Chères montagnes de Suisse; mes vieilles amies; que de fois, à pareils jours, je vous ai vues blanchir au loin : puissé-je vous revoir, et presque du même endroit.

Autour du lac, le Wurtemberg, la Bavière, l'Autriche et la Suisse se sont donné rendez-vous : on ne pouvait mieux choisir.

Nous sommes descendus à Lindau, en Bavière, et l'on s'en aperçoit. On remarque les couleurs, les armes, les uniformes bavarois. A la bonne heure. Au moins voilà un pays qui n'a pas abdiqué toute son autonomie. Cette partie de la Bavière, qui va de Lindau presque jusqu'à Munich, est singulièrement favorisée; contrée gracieuse et fertile; abondante en prés, en vergers, en cultures; qui ondule pendant trente lieues au pied de versants raides, d'où les forêts de sapins tombent comme par coulées.

Avant Munich, on rentre dans le laid et dans le plat.

———— -

Il faudrait du temps pour connaître Munich, et je n'en avais guère à lui donner. J'ai, du moins, visité ses principaux monuments; les uns qui rappellent Rome ou Florence; d'autres, des vues de Grèce et d'Orient; d'autres enfin, on ne sait quoi. Somme toute une succession de contrastes. plutôt bizarres que saisissants, où l'on retrouve l'intérêt un peu banal d'un musée de copies. En s'isolant dans telle église byzantine, devant telle façade classique, il est plus aisé de goûter le parfait et pur mérite de chacune de ces réminiscences. Qu'on en juge sur la place gazonnée, où, seuls, trois édifices grecs du meilleur style se détachent sur la verdure. A droite et à gauche s'élèvent d'élégan's péristyles; en face, les Propylées appuient au sol leurs fortes colonnes doriques. Est-ce l'œuvre de Callicrates ou de monsieur de Klenze? Sommes-nous bien à Munich? — Hélas, oui, car il pleut.

Je me suis réfugié dans la Glyptothèque où la décoration et la lumière ambiante sont habilement ménagées aux statues.

Les plus précieuses forment deux groupes distincts qui remplissaient les frontons du temple de Jupiter d'Egine : elles ne sont sorties de terre que depuis une cinquantaine d'années. Minerve tient le milieu. A ses côtés, un combat se livre entre guerriers nus, armés de boucliers et coiffés de casques exagérés. Les uns sont debout, inclinés dans l'attitude

du combat; d'autres paraissent blessés et fai-
blissent; les derniers se renversent pour
mourir. Tous agissent naturellement; quelques-
uns avec une grâce singulière. — Les lignes
d'architecture manquent; mais celles de la
statuaire y suppléent; de sorte qu'on ne saurait dire lequel des deux a dû être fait pour
l'autre, du sujet ou du fronton.

Dans la salle des bustes, celui de Cicéron
paraît vivant et prêt à parler. La gorge est
ample; la bouche entr'ouverte : l'œil a une
profondeur triste et lumineuse. Une sorte d'in-
dignation court sous ce relief puissant.

Un tout petit marbre m'a attiré. Il représente
une maison de campagne, un arbre tortu, un
paysan qui porte des provisions et conduit sa
charrette attelée de bœufs. Cet épisode simple,
d'une réalité champêtre, est rare sur un bas-
relief. Les Romains de l'époque artistique dé-
daignaient la vie agreste, et Cicéron lui-même
a eu le tort d'en mal parler : plus tard il est
revenu sur son dire.

Après la Glyptothèque, la Pinacothèque ou le
musée de tableaux. Voici l'écrin de Munich. —
Presque toutes les écoles y sont représentées,
surtout la vieille école allemande aux personnages naïfs, et la flamande où Rubens règne
en maître et vous éblouit de son opulente cou-

leur. Mais si le sujet est religieux, ne détaillez pas Rubens. Contentez-vous, dans son *Jugement dernier*, de voir à distance la grasse saillie des formes et l'abondance de sève qui rubéfie ces corps accumulés : ne cherchez pas pourquoi les grosses flamandes de la droite seraient séparées de celles de gauche : imaginez seulement qu'on a ajouté un Père Eternel, et changé le titre du tableau qui s'appellerait *le Triomphe de la chair*. Cette réserve faite, je ne connais pas de page plus étourdissante.

Combien je préfère ce ravissant Pérugin qui représente l'apparition de la Vierge à saint Antoine. La scène, d'une émotion tranquille, a lieu sous un portique ouvert. Un paysage sobre, un ciel dégradé occupent le fond de la toile. Les personnages se meuvent à peine : mais dans leurs regards, leurs expressions, quelle beauté séraphique!

On risque un torticolis pour essayer de déchiffrer, à Saint-Louis, les fresques de Cornélius, aussi correctes de dessin que confuses de pensée. Il aura voulu renchérir sur les *Stanze* de Raphaël, et il est tombé dans un rébus théologique exécuté avec des types mythologiques.

— Entr'acte forcé de la table d'hôte où mon voisin, un homme plein de sourires, m'a fait des politesses de moutarde et de raviers.

Je me suis esquivé, avant la fin, pour traverser les quartiers du centre, voir un hôtel de ville gothique, qui ressemble à ceux du nord, et, dans la haute cathédrale, le tombeau en marbre noir et bronze de l'empereur Louis–le–Bavarois, monument d'un aspect mâle et guerrier.

De là, aux deux expositions du Palais de Cristal ; l'une moderne, assez insignifiante, sauf l'ornement et le mobilier d'église en quoi l'on excelle à Munich ; l'autre, rétrospective, et fort curieuse à certains égards. Sans être aussi variée que celle des Alsaciens–Lorrains, elle m'a paru plus riche en fait d'ivoires, de grès, d'armes et de manuscrits. Son principal attrait consistait dans le trésor du roi de Bavière, merveilleux de ciselures et de bijoux anciens, au milieu desquels la couronne fleurdelisée de saint Henri.

J'ai suivi au retour de larges rues rectilignes où la plupart des hôtels étaient clos. Il paraît que le haut Munich ne revient que plus tard.

Je ne m'étonne pas qu'en été le jeune roi Louis ne se plaise guère dans son palais. Il n'a sous les yeux qu'une place, ou des quinconces entourés d'arcades. On devrait sacrifier une partie de ces arbres, tracer au milieu quelques plates-bandes, et peut-être chasserait-on de ce lieu un air de solennel ennui.

Je me fais grâce de plusieurs autres monuments en *um*. Quel intérêt trouver à ce Maximilianeum? Le nom est trop long : le bâtiment aussi.

On m'avait réveillé dès l'aube ; je n'avais plus de prétexte pour tarder : il est d'ailleurs aisé de quitter un lit allemand.

Les voyageurs, péniblement hissés dans l'omnibus, regardaient couler tout un déluge.

A la gare, le buffet était plein de gens qui lapaient silencieusement leurs bols de café.

Un train d'allure indolente nous a promenés dans une plaine stérile, entrecoupée de bois rabougris. Comme nous en longions un, je vis sur la bordure un monsieur en habit noir, qui se promenait sous une averse. Pauvre monsieur bavarois ; que faisiez-vous là à pareille heure ?

Les gardes-barrières sont bien polis sur cette ligne. Ils ont pour consigne, quand le train passe, de mettre la main à la casquette : j'avoue que je n'ai pas réciproqué.

La pluie a enfin cessé et l'horizon se transforme. La chaine du Tyrol reparait, en découvrant ses dents aiguës, ses audacieux sommets; tandis qu'au pied se déroulent les plus charmants paysages. Un peintre les trouverait crus. N'importe. La prairie d'émeraude et le vert heurté des sapins, le petit chàlet, le clocher fluet, le lac sinueux où la montagne se profile, tout cela fait un ensemble idéalement joli et frais et qui réjouit les yeux.

La ligne du Brenner part de Rosenheim : elle traverse le Tyrol et gagne l'Italie. Plus loin, à Salzbourg, on entre en Autriche. Le double aigle se déploie, portant les armes d'Habsbourg-Autriche-Lorraine.

Salzbourg, admirablement posée dans son décor alpestre, est partagée par un large torrent, dont l'eau pressée a une couleur mate de neige fondue. Sur ses deux rives elle s'adosse à des collines rocheuses qu'une forteresse et des couvents ont escaladées. On a entaillé la base d'un des rochers pour y creuser des chapelles funéraires : les morts y sont solidement logés. Les vivants paraissent bonnes gens. Les hommes se coiffent de chapeaux de feutre pointus ; les femmes d'écharpes de soie qu'elles nouent autour de leurs cheveux et laissent flotter sur leurs épaules. On retrouve sur leurs

physionomies cette sorte de tristesse particu-
lière aux montagnards.

Long trajet de Salzbourg à Vienne. Par échappées on voit une ville, une vallée ; on traverse
quelqu'affluent du Danube qu'on pressent,
mais qu'on n'aperçoit pas. La nuit vient et enveloppe tout de son mystère.

Certains bruits, certaines sensations aver-
tissent de l'approche d'une grande ville. La
machine siffle ; les murs, les trains garés ren-
voient plus d'écho ; l'air vibre du tumulte lointain de la vie : préparons-nous ; voici les
réverbères.

Je trouve qu'il est triste et presque saisis-
sant d'arriver la nuit seul, pour la première fois, dans une capitale étrangère. Quel
est ce nouveau flot humain où vous allez navi-
guer. Personne qui vous attende. Personne
pour vous diriger. Vous êtes abandonné à l'inconnu.

———

Une bonne nouvelle me vient au réveil.

M. le Comte de Chambord veut bien me re-
cevoir le jour même, 29 septembre, et le comte
de Chevigné, son secrétaire, a l'obligeance de
m'en informer. Je le remercie, et m'apprête

à une visite qui ne laisse pas que d'imposer.

A midi, une voiture m'arrête, Theresianum-strasse, devant un petit hôtel d'apparence ordinaire. Un domestique en livrée bleue me conduit au premier, dans un salon qui semble peu habité. Les meubles sont rangés ; les objets disposés sur les étagères. Je ne remarque qu'un tableau médiocre qui représente la façade de Chambord. Monsieur de Blacas vient me rejoindre. — Une porte s'ouvre, j'entre, et je me trouve devant Monseigneur et Madame.

Je n'avais jamais vu Madame la Comtesse de Chambord, et je suis heureux de la saluer. Cette auguste princesse a l'air grand, et l'expression d'une bienveillance extrème ; son regard est déjà un accueil.

Monseigneur ne paraît pas changé depuis cinq ans, si ce n'est qu'un peu plus de barbe et de moustache allongent l'ovale de ce digne visage.

Tous deux ont la bonté de m'entretenir un certain temps avec cet heureux don de mémoire qui amène les noms et les sujets propres à intéresser.

Comme je prends congé de mes royaux interlocuteurs, j'entends une de ces paroles qui vous vont au cœur et qu'on n'oublie plus.

Je me retire à regret, et retrouve monsieur

de Chevigné, avec qui il y a plaisir et profit à causer.

— Le but de mon voyage est maintenant atteint. Ce devrait être celui de bien d'autres qui jugent si mal à distance, et se butent à d'anciens préjugés.

———

Occupons nous de voir la ville; d'abord le vieux Vienne, avec ses rues étroites, bordées d'anciens palais, ses églises aux coupes italiennes, ses places ornées d'obélisques et de statues sur rocailles. Par endroits on s'y croirait à Rome, au Corso ou à quelque place Navone. Les palais surtout ont l'air romains. De grands écussons les décorent, et leurs portes s'entourent de frontons ou de vigoureuses cariatides.

La noblesse autrichienne, dont les antiques demeures se tiennent là serrées autour du palais impérial, ne convoitera-t-elle pas le luxe des nouveaux quartiers? Ce serait une faute. Comme les vieux noms, les vieilles maisons gardent un prestige.

De ces rues aristocratiques, qu'on nomme Herren-Gasse, Schenken-Strasse, etc., on

passe sans transition dans un enchevêtrement
d'autres rues et ruelles populeuses qui forment
la Cité, et vont jusqu'au canal du Danube.
Impossible de s'y retrouver à moins d'avoir un
plan, ou de s'adresser aux sergents de ville :
ils sont si bien mis qu'on les prendrait pour
des officiers.

Au milieu de ce dédale, Saint-Etienne vous
arrête tout-à-coup, et vous retient. L'austérité
de son portail, l'élégance aérienne de sa tour,
et ses tympans si délicats et si hardis placent
cette cathédrale au premier rang des chefs-
d'œuvres gothiques.

J'y retourne au clair de lune pour varier
l'aspect. — Quelle hauteur inouïe. — Est-ce
une étoile que je vois sur la flèche ? — Je
change de place. —Non ; c'est tout en haut, la
lumière d'un veilleur de nuit.

Le Ring, spacieux boulevard magnifiquement bâti, forme un vaste demi-cercle autour
de l'ancienne ville. Si, là, on pensait à Rome,
ici, on peut se croire à Paris. Dans un cadre
presqu'analogue, c'est même mouvement,
même activité, même bruit confus de passants

et de voitures; avec cela quelque chose de leste et de gai qui nous ressemble, et distingue l'Autrichien de l'Allemand.

Des monuments grandioses y alignent leurs façades, le Hofburg ou château impérial, le palais de l'archiduc Albert, l'Opéra, des hôtels splendides pour les étrangers, et d'autres palais dont j'ignore les noms. J'en détaille un, de ma fenêtre, chargé de sculptures et d'ornementation : nos constructions paraîtraient frustes à côté.

Pour aller du Ring au Prater, on passe sur la Wien, petite rivière insignifiante encaissée dans une tranchée; on traverse un quartier bigarré d'hôtels et de maisons bourgeoises; puis un pont sur le canal; et l'on arrive au Hyde-Park ou au bois de Boulogne viennois. J'y retrouve les tracés connus, la pelouse à l'anglaise, l'allée tournante, le bouquet d'arbres ménagé; partout à présent la même chose. Qui nous rendra donc un peu de variété.

Les bâtiments de l'Exposition occupent une des extrémités du Prater. Au milieu, une longue allée de marronniers sert de rendez-vous à ce qui reste de la fashion : quelques équipages y circulent par acquit de conscience. Aucune valse de Strauss ne retentit sous ces ombrages, où l'été n'a pas encore marqué son déclin.

De là, par une route boueuse, je me fais mener à ce Danube qu'on ne sait où trouver. Le Danube, qui le croirait, ne coule pas à Vienne, et se contente d'y envoyer un de ses bras, tandis qu'il roule à l'écart sa masse majestueuse. On ne voit, le long de son parcours, que des îles boisées ou des terrains vagues : le vieux Titan fait peur aux riverains.

Voilà donc ce fleuve fameux qui va de la civilisation presqu'à la barbarie, et divise l'Europe à travers trois empires. Plus bas, que d'orages actuellement sur ses bords : puissent-ils ne pas remonter.

J'ai à cœur de connaitre tout ce qui tient à la famille Impériale ; son palais, sa résidence d'été et ses tombeaux. Les tombeaux d'abord, puisqu'on ne les visite que le matin.

Quand un prince autrichien vient à mourir, son cœur est gardé à part, son corps enterré dans le couvent des Capucins. Un religieux de vénérable figure m'y introduit, et m'ouvre une galerie d'où je domine le caveau et les monuments funèbres. Il me montre ceux de Maximilien, de Joseph II, de Marie-Thérèse avec son mari et ses enfants. Heureux ou infortunés, la mort les réunit et les assimile.

Une voiture de place, meilleure que les nôtres, me conduit à Schœnbrunn par un faubourg propre et plaisant. Nous dépassons tous les Penzing-Hietzing, omnibus ou tramways de la banlieue, et le cocher stimule si bien ses chevaux qu'un d'eux fait mine de s'emporter, et entre au galop dans la cour d'honneur.

Schœnbrunn est dans un fond. Le château, d'architecture insignifiante, s'embellirait aisément si l'on élevait la toiture en la recouvrant d'ardoises, et surtout si l'on supprimait tous ces affreux volets verts.

Son parc à la française ouvre sur une colline des allées droites, meublées de vases et de statues, et des perspectives monumentales. On le dit copié de Versailles ; je croirais plutôt de Caserte.

Je visite le château pendant que l'empereur est à Vienne et le prince impérial absent. On me montre, parmi d'autres pièces, une grande galerie de marbre, un salon tapissé de miniatures peintes par Marie-Thérèse, un autre salon fort cossu en laque et bois doré, et la

chambre occupée en 1809 par Napoléon Ier,
où le duc de Reichstadt est mort.

— Nous croisons, au retour, la voiture de
Sa Majesté , à qui j'adresse volontiers mon
plus profond salut.

Grâce à l'obligeance de notre premier secrétaire d'ambassade , j'obtiens , après bien des
allées et venues, de pénétrer dans le palais de
Vienne que l'Empereur vient à peine de quitter. La garde d'honneur et la livrée y sont encore. On me traite, je crois, de personnage.
Je me laisse faire : histoire de le reconnaitre
au pourboire.

Ce Hofburg composé de plusieurs palais,
dont les cours se relient bizarrement par des
passages voûtés, ne forme certainement pas
un tout homogène. On peut lui reprocher l'in-
cohérence et l'irrégularité. Il n'en conserve
pas moins son vieil air respectable et comme
son cachet dynastique.

L'intérieur n'a pas de faste exagéré, ni de
recherches superflues; on y sent le bon aloi.

J'y vois, avec bien de l'intérèt, les anciens
appartements de Marie-Thérèse; la chambre à
coucher où cette grande et vertueuse femme
disait presqu'en mourant— « Je crains de m'en-
dormir; je veux voir venir la mort. » J'ouvre le
bureau de mosaïque d'où elle envoyait à M. de

Mercy ses judicieuses confidences de souveraine et de mère. — Voici un séduisant portrait : une toute jeune fille qui joue du clavecin en tournant la page. C'est la « gentille Antoinette. » — Ah, pauvre enfant ! si on avait prévu...

Je ne connais pas de souvenir plus poignant que celui de Marie-Antoinette. A Paris, sa fin est notre remords ; à Vienne, c'est notre honte.

Pourquoi l'avoir prise à son pays où elle était heureuse et aimée pour l'abreuver chez nous d'amertumes, et la traîner du Temple à la Conciergerie et à l'échafaud. Quel autre peuple a jamais vu, souffert un pareil forfait !

Mais elle a pardonné— que son sang ne nous désunisse pas.

Flâneries et préparatifs de départ.....

La fièvre me chasse : c'est un compagnon incommode qui veut être ramené au logis.

— J'ai vu ici, non pas tout ce qu'il y aurait à voir, mais tout ce que je souhaitais. J'en suis au point suffisant où l'on possède une ville : au delà, on peut s'initier, mais on ne découvre plus.

J'emporte de Vienne les meilleures impressions; je m'étonne que bien des Français ne soient pas tentés de les y chercher comme moi.

L'Autriche est plus près de nous qu'on ne pense.

FIN.

Fontainebleau, typ. A. Pouyé, rue de la Paroisse, 14.

8.

www.ingramcontent.com/pod-product-compliance
Ingram Content Group UK Ltd.
Pitfield, Milton Keynes, MK11 3LW, UK
UKHW020211130726
13696UKWH00002B/851

9 782019 160388